ОБУЧЕНИЕ РАДИКАЛЬНЫХ ЛИДЕРОВ

Руководство для обучения лидеров в малых группах и домашних церквах вести движения по насаждению церквей.

T4T Press Обучение радикальных лидеров. Руководство для обучения лидеров в малых группах и домашних церквах вести движения по насаждению церквей. Дэниел Б. Ланкастер, д-р

Издательство: T4T Press

1-е изд.: 2013.

Все права защищены.

Никакая часть этой книги не может быть воспроизведена или передана в любой форме или любыми средствами, электронными или механическими, включая фотокопирование, запись, или с помощью любой информационной системы для хранения и поиска информации, без письменного разрешения издателя, за исключением включения кратких цитат в рецензиях.

Copyright 2013 by Daniel B. Lancaster

ISBN 978-1-938920-76-9 printed

Цитаты из Писания приведены по русскому Синодальному переводу Библии.

Содержание

Предисловие 7
Посвящение 9
Предисловие 11

Часть 1 – Основы

Стратегия Иисуса 17
Обучая Лидеров 20
Принципы Обучения 25

Часть 2 – Уроки Лидерства

Приветствие 31
Обучайте подобно Иисусу 45
Вести, как Иисус 59
Возрастайте в силе 75
Вместе сильнее 91
Делитесь Евангелием 105
Делайте учеников 123
Начинайте группы 140
Умножайте группы 158
Следуйте за Иисусом 176

Часть 3 – Ресурсы

Дополнительный Материал 191
Приложение А. Часто задаваемые вопросы 193
Приложение Б. Проверочные списки для обучения 206
Приложение В. Заметки для переводчика 209
Приложение Д. Мой План Иисуса..211

В память о Томе

Предисловие

Увеличение эффективности церковного служения – это постоянный вызов. Находящиеся в служении Иисусу знают, что немногое является более важным, чем стремление к использованию эффективных методов подготовки верующих. Серия обучающих материалов «Следуя за Иисусом» - один из наиболее эффективных методов подготовки верующих. Первая книга в этой серии «Делая радикальных учеников» предоставляет легко воспроизводимые уроки для превращения новообращенных в учеников, подобных Иисусу. Вторая книга, находящаяся перед вами, является еще одним шагом вперед и предоставляет уроки для превращения подобных Иисусу учеников в лидеров, умножающих группы. «Обучение радикальных лидеров» - это проверенный и испытанный план подготовки. Она практична и понятна в своем учении и содержит сценки, иллюстрации и практический опыт для проходящих обучение.

«Обучение радикальных лидеров», несомненно, является одним из наиболее эффективных методов скрупулезной подготовки верующих к служению. Этот материал не только является эффективным, но и ускоряет развитие лидеров. Уроки предвкушают нужды лидеров, дают видение на то, как выглядит благочестивый лидер, а также шаги, которые необходимо предпринимать, насаждая новые церкви. Эта книга смотрит вперед и помогает лидерам в обучении поднимать лидеров и обучать их самим. «Обучение радикальных лидеров» помогает лидерам понять как себя самих, так и тех, с кем они работают в новом свете, используя девять образов, относящихся к типу личности.

Вся обучающая серия «Следуя за Иисусом» снаряжает новообращенных холистическим образом. Эта вторая книга серии продолжает полезный, практичный метод, начатый в первой книге. Служение Царю царей требует только наилучших методов. Перед вами план подготовки лидеров, который отвечает этим требованиям.

Рой Дж. Фиш

Посвящение

Каждая обучающая книга представляет собой уроки, усвоенные на протяжении жизни. Обучающая серия «Следуя за Иисусом» не является исключением. Я должен поблагодарить многих людей, обучивших меня, чтобы я мог обучать других.

Несколько друзей работали со мной бок о бок в Юго-Восточной Азии над разработкой этих материалов по обучению лидеров. Гиберт Дейвид, Джери Уитфилд, Крейг Гэррисон, Стив Смит, Нил Мимс, Вуди и Линн Тингпен, спасибо вам за ваши советы, поддержку и помощь. Мы путешествовали по одной дороге вместе много лет.

Несколько духовных лидеров повлияли на мою жизнь значительным образом, и я хотел бы поблагодарить их. Д-р Рикки Пэрис научил меня, как искать Бога всем своим сердцем. Гейлон Лейн, Л.Д.Баксли и Том Попелка показали пример безусловной любви и духовного лидерства во время неспокойной части моего странствия. Д-р Элвин Маккейн раздул миссионерский огонь, который Бог помести внутрь меня. Преп. Ник Олсон показал мне, как быть человеком стратегии и непорочности. Д-р Бен Смит познакомил меня с Иисусом и остался моим духовником с того момента. Д-р Рой Фиш передал видение на умножение учеников на раннем этапе моего служения. Преп. Рон Каппс научил меня тому, что «наибольший лидер – это наибольший слуга». Спасибо всем вам, что обучили меня как лидера, чтобы я мог обучать других.

Том Веллс служил лидером прославления в «Хайленд феллоушип», второй церкви, насажденной нами. Том, одаренный музыкант и дорогой друг, и я провели много времени за чашкой кофе, беседуя о восьми образах Христа. Он помог мне развить простой метод обнаружения своего типа личности, который используется в «Обучении радикальных лидеров». Мы организовывали церковь и планировали служения на основании восьми образов Иисуса. Мы также предоставляли консультационные услуги поместным церквам в отношении здоровья церкви. Том, хотя ты сейчас с Господом, знай, что твой труд продолжается, мы помним тебя, и нам тебя не хватает.

Также я выражаю особую благодарность Дейвиду и Джилл Шэнкс, внесшим большой вклад в этот проект. Они бескорыстно помогли бесчисленному множеству верующих в Азии стать сильнее в ученичестве, лидерстве и насаждении церквей. На небесах к ним будет большая очередь желающих сказать «спасибо».

Наконец, моя семья предлагает эту книгу как дар для вас. Моя жена Холли и мои дети Джефф, Зак, Кэрис и Зейн принесли определенные жертвы и поддержали эту попытку развить горячих духовных лидеров и принести исцеление в народы.

Дэниел Б. Ланкастер, д-р
Юго-Восточная Азия

Предисловие

Бог дал нашей семье привилегию основать две церкви в Америке. Первая из них была в Хэмилтоне, Техас, сельском графстве, одном из самых бедных в Техасе. Воспоминания о том, как Бог дал обеспечение этому сильному содружеству верующих для возведения без долгов здания церкви на двести мест в экономически трудные времена, по-прежнему согревают наши сердца сегодня. Бог изменил жизни всех нас, когда Он вспомнил о Хэмилтоне.

Мы начали насаждать нашу вторую церковь в Льюисвилле, Техас. Я жил в Льюисвилле, прогрессивном пригороде метроплекса Далласа и Форт Ворта, когда был старшеклассником. Моя родная церковь, баптисткая церковь «Лейкленд», финансировала насаждение церквей и обильно поддерживала нас финансово, эмоционально и духовно. Мы были восемнадцатой церковью, которую они насадили в этом регионе. Учитывая предыдущий опыт в насаждении церквей, пастор попросил нас начать церковь без первоначальной группы людей, полагаясь, в основном, на приглашения от дома к дому.

После двух месяцев попыток насадить церковь, значительная боль распространилась по всему моему телу, и я страдал от чрезвычайной утомляемости. В день, когда родился наш четвертый ребенок, врачи определили мою болезнь как красную волчанку. Позже, благодаря анализам, диагноз был изменен на анкилозирующий спондилоартрит – артрит, охватывающий позвоночник, грудную клетку и тазобедренные суставы. Сильные болеутоляющие медикаменты давали некоторое облегчение, но также вызывали сонливость. Я мог работать максимум два часа в день и проводил остальное время, отдыхая и молясь.

Этот период нашего служения был «ночью души». Усталость и боль накладывали ограничения на все. Хотя я был очень болен, мы чувствовали, что Бог по-прежнему призывал нас начать церковь. Мы попросили Его освободить нас от этого, но Он ответил, напомнив, что Его благодати достаточно. Мы чувствовали, как будто Бог оставил нас, но Его любовь была неизменна. Мы подвергали сомнению наше призвание, но Он продолжал привлекать нас к Себе и давать нам надежду. Мы размышляли, может, Бог наказывал нас за какой-то неизвестный грех, но Он наполнил нас верой в то, что Он желает спасать погибающих людей и возвращать их в Его семью. Наша мечта однажды поехать на миссионерское поприще медленно потускнела и, в конце концов, исчезла.

Куда бы вы инвестировали свое время, если вы могли работать всего лишь два часа в день при насаждении новой церкви? Бог повел нас к концентрации на развитии лидеров. Я научился, как проводить один час с человеком за обедом и оставлять его со стратегическим планом на следующий месяц, обычно написанным на салфетке! Развилась система ценностей подготовки людей, которые, в свою очередь, будут обучать других людей. Мы помогали людям обнаружить, как Бог «устроил» их, и как пребывать во Христе практическим образом. Многие взрослые и дети вошли в Царствие Божье, не смотря на физические страдания, с которыми мы столкнулись.

После трех лет моей болезни мы начали применять новое лекарство, которое превратило нашу ночь в день. Боль и усталость стало возможно контролировать. Вместо возвращения к старой модели, при которой пастор делает все, мы остались на том же пути развития лидеров. Через четыре года после основания церкви мой друг и я предприняли поездку в Юго-Восточную Азию в соответствии с нашим видением. Когда я вышел из самолета на чужой земле, Бог проговорил в мое сердце и сказал: «Ты дома». В ту ночь я позвонил моей жене, и она подтвердила, что Бог проговорил об одном и том же призвании нам обоим. Через год мы продали все, что имели, собрали вещи наших четырех детей и переехали в Юго-Восточную Азию.

Мы работали в закрытой стране и начали делать учеников. Мы попросили Бога дать нам трех мужчин и трех женщин, в которых мы могли бы изливать наши жизни в соответствии с примером Иисуса, Который концентрировался на Петре, Иакове и Иоанне. Бог ответил на наши молитвы и послал нам людей, рядом с которыми мы могли стоять и обучать их подобно тому, как Варнава обучил Павла. По мере того, как мы обучали больше и больше людей следовать за Иисусом, они основали много новых групп, некоторые из которых стали церквами. Когда эти группы и церкви росли, они вскоре стали испытывать нужду в большем количестве лидеров и нужду в лидерах лучшего качества. Страна, в которой мы служили, тоже страдала от вакуума лидерства и слабого развития лидеров. Мы начали обширное изучение того, как Иисус обучал учеников как лидеров. Мы учили этим урокам наших местных друзей и сделали интересное открытие: производство учеников и обучение лидеров – это две стороны одной медали. «Делать учеников» описывает начало странствия, а «обучение лидеров» описывает продолжение странствия. Мы также обнаружили, что чем больше мы отражали Иисуса, тем более воспроизводимым становилось наше обучение.

Воспроизводимые уроки, которым мы учили наших лидеров, составляют это руководство по обучению. Иисус – величайший лидер всех времен, и Он живет в Его последователях. Когда мы следуем за Ним, мы становимся лучшими лидерами. Да благословит Бог вас как лидера и людей, на которых вы оказываете влияние, через это руководство по обучению! Многие лидеры успешно обучили много поколений лидеров, используя эти материалы, и мы молимся о Божьем благословении на ваши жизни, когда вы будете делать то же.

Часть 1
Основы

Стратегия Иисуса

Стратегия Иисуса по достижению народов включает в себя пять тактик: будьте сильными в Господе, делитесь Евангелием, делайте учеников, начинайте группы, которые станут церквами и развивайте лидеров. Хотя каждая из этих тактик самостоятельная, они объединяются в синергический процесс. Обучающий материал *Следуя за Иисусом* позволяет тренерам быть катализатором движения по насаждению церквей в их народе, просто следуя за Иисусом.

Обучение *«Следуя за Иисусом»* начинается с руководства *«Делая радикальных учеников»* и первых четырех тактик в стратегии Иисуса. Ученики учатся, как молиться, повиноваться заповедям Иисуса и ходить в силе Святого Духа («Будьте сильными в Боге»). Тогда ученики обнаруживают, как присоединиться к Богу там, где Он действует, и поделиться своим свидетельством – могучим оружием в духовной войне. Затем они учатся, как делиться Евангелием и приглашать людей вернуться в Божью семью («Делитесь Евангелием»). При завершении курса мы имеем лидеров, владеющих инструментами для начала малой группы, передачи видения на умножение и планирования достижения их местности («Начинайте группы»).

При взращивании учеников проявились две насущные нужды, когда мы обучали и тренировали их. Новые лидеры задавались вопросами, как возрастать в качестве духовных лидеров, и какие шаги необходимы для перехода от группы к церкви. По причине того, что тактики в стратегии Иисуса не стоят в хронологическом порядке, некоторые ученики просили провести обучение для лидеров, а затем обучение по насаждению церквей. Другие ученики просили об обратном порядке. В результате мы стали предлагать два дополнительных обучающих семинара для учеников, которые использовали руководство *«Делая радикальных учеников»* и были верны в том, чтобы обучить других.

«Основание радикальных церквей» помогает существующим церквам начинать новые группы и церкви – четвертая тактика в стратегии Иисуса. Немногие лидеры основали церкви, и ошибка, которую они часто совершали, заключалась в том, что при начале новой церкви копировалась структура их нынешней церкви. Такой подход практически гарантирует скудные результаты. «Основание радикальных церквей» обходит эту ошибку, обучая учеников, как следовать восьми заповедям Христа, которым повиновалась ранняя Церковь в Деяниях, главе 2. Группа

прорабатывает практическое применение каждой заповеди и вместе развивает церковный завет. Если группа чувствует Божье водительство, семинар заканчивается праздничной церемонией и посвящением их как новой церкви.

«Обучение радикальных лидеров» помогает лидерам обучать других, как стать горячими духовными лидерами, – пятая тактика в стратегии Иисуса. Ключевой ингредиент в движениях по насаждению церквей – это развитие лидерства. Этот семинар раскрывает для лидеров процесс, который использовал Иисус для обучения лидеров, и семь лидерских качеств Иисуса, величайшего лидера всех времен. Лидеры открывают свой тип личности и способы, как помочь людям с разным типом личности работать вместе. Наконец, лидеры развивают «План Иисуса», основанный на двенадцати принципах служения, которые Иисус дал ученикам в Евангелии от Луки, главе 10. Семинар заканчивается тем, что лидеры делятся своим «Планом Иисуса» и молятся друг за друга. Лидеры дают посвящение наставлять друг друга и развивать новых лидеров.

И *«Основание радикальных церквей»*, и *«Обучение радикальных лидеров»* обучают учеников, как подражать служению и методу Иисуса. Тренеры дают лидерам воспроизводимые инструменты, которыми они могут овладеть и поделиться с другими. Обучение *«Следуя за Иисусом»* – это не курс, который нужно выучить, но образ жизни. Более, чем за две тысячи лет Бог благословил и изменил многочисленные жизни через простоту следования за Его Сыном. Верующие последовали за стратегией Иисуса и увидели, как были трансформированы целые культуры. Да совершит Бог то же самое в вашей жизни и среди людей, которых вы учите следовать за Иисусом!

Обучая Лидеров

«Обучение радикальных лидеров» строится на первом курсе *«Делая радикальных учеников»* и помогает тем, кто начал группы ученичества, возрастать в качестве лидеров и умножать больше групп.

Результаты Обучения

По завершению обучающего семинара учащиеся могут:

- Преподавать другим лидерам 10 базовых уроков лидерства.
- Обучать других лидеров использованию процесса воспроизводства, смоделированного Иисусом.
- Выявлять различные типы личности и помогать людям работать вместе в команде.
- Развивать стратегический план по работе с духовно погибающими в своей местности и умножать новые группы.
- Понимать, как вести движение по насаждению церквей.

Процесс Обучения

Каждое занятие по обучению лидеров имеет одинаковый формат, основанный на том, как Иисус обучал учеников как лидеров. План урока сопровождается указанием примерного количества необходимого времени.

ХВАЛА

- Спойте вместе две песни или гимна (или больше, если позволяет время).

  10 минут

ПРОГРЕСС

- Лидер рассказывает о прогрессе в его служении, происшедшим с прошлой встречи. Группа молится за лидера и его служение.

  10 минут

ПРОБЛЕМА

- Преподаватель говорит об обычной проблеме в лидерстве, описывая ее с помощью истории или иллюстрации из личного опыта.

  5 минут

ПЛАН

- Преподаватель проводит для лидеров просто урок лидерства, обеспечивающий понимание и инструменты для решения проблемы в лидерстве.

    20 минут

ПРАКТИКА

- Лидеры разбиваются на группы по четыре человека для тренировки данного метода лидерства посредством обсуждения урока, который они только что прослушали, что включает:

    - прогресс, совершенный в этой сфере лидерства;
    - проблемы, с которыми столкнулись в этой сфере лидерства;
    - планы по улучшению на следующие 30 дней на основании данного урока лидерства;
    - навык, который они будут практиковать на протяжении следующих 30 дней на основании данного урока лидерства.

- Лидеры встают и повторяют вместе стих для запоминания наизусть 10 раз: 6 раз читают его из Библии и 4 раза произносят его наизусть.

    30 минут

МОЛИТВА

- Группы из четырех человек делятся проблемами для молитвы и молятся друг за друга.

    10 минут

ОКОНЧАНИЕ

- Большинство занятий заканчиваются обучающей практикой, которая помогает лидерам применить урок лидерства в своем контексте.

    15 минут

Расписание Обучения

Используйте это руководство для проведения трехдневного семинара или 10-недельной обучающей программы. Каждое занятие в каждом из расписаний занимает полтора часа и использует Процесс обучения тренеров на стр.20.

Обучение лидеров обычно происходит раз в месяц, два раза в месяц или на трехдневном семинаре. Его должны посещать только те лидеры, которые в настоящий момент ведут группу.

Трехдневное Расписание

	День 1	День 2	День 3
8:30	Приветствие	Вместе сильнее	Начинайте группы
10:00	*Перерыв*	*Перерыв*	*Перерыв*
10:30	Обучайте, как Иисус	Конкурс постановок	Умножайте группы
12:00	*Обед*	*Обед*	*Обед*
1:00	Ведите, как Иисус	Делитесь Евангелием	Следуйте за Иисусом
2:30	*Перерыв*	*Перерыв*	
3:00	Возрастайте в силе	Делайте учеников	
5:00	*Ужин*	*Ужин*	

Еженедельное Расписание

Неделя 1	Приветствие	*Неделя 6*	Делитесь Евангелием
Неделя 2	Обучайте, как Иисус	*Неделя 7*	Делайте учеников
Неделя 3	Ведите, как Иисус	*Неделя 8*	Начинайте группы
Неделя 4	Возрастайте в силе	*Неделя 9*	Умножайте группы
Неделя 5	Вместе сильнее	*Неделя 10*	Следуйте за Иисусом

Принципы Обучения

Помощь другим лидерам в развитии – увлекательное и ответственное занятие. Вопреки распространенному мнению лидерами становятся, а не рождаются. Чтобы появилось больше лидеров, развитие лидерства должно быть преднамеренным и систематичным. Некоторые люди ошибочно верят, что лидеры становятся лидерами благодаря их типу личности. Однако если взглянуть на пасторов успешных мега-церквей в Америке, то мы увидим пасторов со многими различными типами личности. Когда мы следуем за Иисусом, мы следуем за величайшим лидером всех времен и сами развиваемся как лидеры.

Формирующимся лидерам нужен сбалансированный подход к развитию лидерства. Сбалансированный подход включает в себя работу над знаниями, характером, навыками и мотивацией. Для того, чтобы быть эффективным лидером, человеку нужны все четыре ингредиента. Без знаний, неправильные предположения и неправильное понимание уводит лидера в неправильном направлении. Без характера, лидер будет совершать моральные и духовные ошибки, которые будут препятствовать миссии. Без необходимых навыков, лидер будет постоянно заново изобретать велосипед или использовать устаревшие методы. Наконец, лидер, обладающий знаниями, характером и навыками, но без мотивации, заботится только о статус-кво и сохраняет свое положение.

Лидеры должны освоить важные инструменты, необходимы для выполнения работы. После проведения значительного времени в молитве, каждому лидеру нужно мотивирующее видение. Видение отвечает на вопрос «Что должно произойти дальше?» Лидеры должны знать предназначение того, что они делают. Предназначение отвечает на вопрос «Почему это важно?» Знание ответа на этот вопрос провело многих лидеров через трудные времена. Затем, лидеры должны знать свою миссию. Бог собирает людей в общину, чтобы они исполняли Его волю. Миссия отвечает на вопрос «Кто должен участвовать в этом?» Наконец, у хороших лидеров есть четкие, краткие цели, к которым они могут стремиться. Обычно лидер передает видение, предназначение и миссию через 4-5 целей. Цели отвечают на вопрос «Как мы сделаем это?»

Мы обнаружили, насколько трудно подобрать растущих лидеров для одной группы! Бог всегда удивляет вас тем, кого Он выбирает! Наиболее продуктивный подход – обращаться с каждым человеком, как будто он уже является лидером. Этот человек может вести себя самого, но это все равно лидерство. Люди становятся более хорошими лидерами в прямой пропорции с нашими ожиданиями (верой). Когда мы обращаемся с людьми как с последователями, они становятся последователями. Когда мы обращаемся с людьми как с лидерами, они становятся лидерами. Иисус избирал людей из всех слоев общества, чтобы показать, что хорошее лидерство зависит от пребывания с Ним, а не от внешних признаков, которых часто ищут люди. Почему у нас нехватка лидеров? Потому что нынешние лидеры отказываются дать новым людям возможность вести других.

Немногие факторы останавливают Божье движение быстрее, чем нехватка благочестивых лидеров. К сожалению, мы столкнулись с вакуумом лидерства в большинстве мест, где мы обучали людей (включая и Америку). Благочестивые лидеры – ключ к шалому – миру, благословению и праведности – в обществе. Одну известную цитату Альберта Эйнштейна можно перефразировать следующим образом: «Мы не можем решить нынешние проблемы с нынешним уровнем лидерства». Бог использует обучающую серию *«Следуя за Иисусом»*, чтобы снаряжать и мотивировать многих новых лидеров. Мы молимся, чтобы то же произошло с вами. Пусть наивеличайший Лидер всех времен наполнит ваши сердце и разум всеми духовными благословениями, сделает вас сильным и увеличит ваше влияние – настоящий тест на лидерство!

Часть 2

Обучение Лидеров

1

Приветствие

Тренеры и лидеры представляются друг другу на первом уроке. Затем лидеры узнают о разнице между греческим и еврейским методами обучения. Иисус использовал оба этих метода, и мы должны делать то же. Еврейский метод является наиболее полезным для обучения лидеров и одним из наиболее часто используемых в *«Обучении радикальных лидеров»*.

Цель урока состоит в том, чтобы лидеры поняли стратегию Иисуса по достижению мира. Пять частей стратегии Иисуса включают в себя: «Будьте сильными в Господе», «Делитесь Евангелием», «Делайте учеников», «Начинайте группы, которые становятся церквами» и «Обучайте лидеров». Лидеры повторяют уроки из руководства *«Следуя за Иисусом. Часть 1 – Делая радикальных учеников»*, которые снаряжают верующих, чтобы они преуспевали в каждой части стратегии Иисуса. Лидеры также тренируются в передаче другим видения стратегии *«Следуя за Иисусом»*. Занятие заканчивается наставлением следовать за Иисусом и повиноваться Его заповедям каждый день.

Хвала

- Спойте вместе две песни или гимна.
- Попросите уважаемого лидера помолиться о Божьем присутствии и благословении на время обучающего семинара.

Начало

Представление тренеров

- Тренеры и лидеры садятся в круг, чтобы начать первое занятие. Для создания неформальной обстановки уберите все столы.
- Тренеры моделируют, как лидеры будут представляться.
- Тренер и помощник представляются друг другу. Они сообщают имя, информацию о своей семье, этнической группе (если это уместно) и о том, как Бог благословил группу, которую они ведут, в предыдущем месяце.

Представление лидеров

- Разбейте лидеров по парам.

    «Представьте вашего партнера так же, как это сделали мы с моим помощником».

- Лидеры должны узнать имя своего партнера, информацию о его семье, этнической группе (если

это уместно) и о том, как Бог благословил группу, которую они вели в предыдущем месяце. Посоветуйте им записать эту информацию в своей тетради, чтобы они не забыли ее, когда будут представлять своего партнера.
- Примерно через пять минут попросите пары представиться как минимум пяти другим партнерам так же, как вы представили своего партнера им.

Как Иисус обучал лидеров?

- Попросите лидеров поставить свои стулья рядами – традиционный метод преподавания. Он должны выстроить как минимум два ряда с проходом посередине. Лидеры сидят в рядах, тогда как тренеры стоят впереди.

    «Мы называем это "греческим" методом обучения. Учитель делится знаниями, учащиеся задают несколько вопросов, и все сначала обращаются к учителю. Обычно, учителя организуют свой класс таким образом, особенно в случае с детьми».

- Попросите лидеров поставить свои стулья обратно в круг, как в начале занятия. Лидеры и тренеры сидят вместе, образуя круг.

    «Мы называем это "еврейским" методом обучения. Учитель задает несколько вопросов, учащиеся обсуждают тему, и все обращаются к говорящему, а не только к учителю. Учителя иногда используют этот метод при обучении взрослых. Какой метод обучения использовал Иисус?»

- Позвольте студентов обсудить этот вопрос, и затем они говорят: «Оба». Иисус использовал греческий метод, когда обращался к множеству людей, и еврейский метод, когда обучал учеников в качестве лидеров.

    «Какой метод использует большинство учителей в вашем окружении?»

- Учителя чаще используют греческий метод. В результате, мы наиболее комфортно чувствуем себя в таком окружении.

    «На этих обучающих занятиях мы покажем, как обучать лидеров, как это делал Иисус. На большинстве занятий в «Обучении радикальных лидеров» мы будем использовать «еврейский» метод, потому что Иисус использовал этот метод при обучении лидеров. Мы хотим подражать Ему».

План

«Наша цель в этом уроке состоит в том, чтобы понять стратегию Иисуса по достижению мира, чтобы мы могли последовать за Ним».

Кто созидает Церковь?

–Ев. от Матфея 16:18–
Я говорю тебе: ты – Петр (что означает «камень»), и на сем камне Я создам Церковь Мою, и врата ада не одолеют ее.

«Иисус – Тот, Кто созидает Его Церковь».

Почему это так важно, – кто созидает Церковь?

> –Псалом 126:1–
> Если Господь не созиждет дома, напрасно трудятся строящие его; если Господь не охранит города, напрасно бодрствует страж.

«Если не Иисус созидает Церковь, то наша работа ни к чему не приведет. Во время Своего земного служения и на протяжении истории Церкви Иисус всегда созидал Его Церковь, используя одну и ту же стратегию. Давайте узнаем Его стратегию, чтобы мы могли повторять за Ним».

Как Иисус созидает Его Церковь?

- Рисуйте эту диаграмму секция за секцией в то время, когда вы рассказываете стратегию Иисуса по достижению мира.

БУДЬТЕ СИЛЬНЫМИ В БОГЕ

> –Ев. от Луки 2:52–
> Иисус же преуспевал в премудрости и возрасте и в любви у Бога и человеков.

> –Ев. от Луки 4:14–
> (После Своего искушения) И возвратился Иисус в силе духа в Галилею; и разнеслась молва о Нем по всей окрестной стране.

«Первая тактика в стратегии Иисуса – "Будьте сильными в Боге". Духовное лидерство зависит от чистых и близких взаимоотношений с Богом. Чтобы мы были сильными, мы должны пребывать в Иисусе.

🖐 Будьте сильными в Боге
   Поднимите руки и станьте в позе силача.

Когда мы пребываем в Иисусе, мы молимся, мы повинуемся Его заповедям, ходим в Духе и присоединяемся к Иисусу там, где Он работает».

- ПОВТОРИТЕ уроки «Молитесь», «Слушайтесь» и «Ходите» с движениями рук из *«Следуя за Иисусом. Часть 1 – Делая радикальных учеников»*.

«Эти уроки учат нас, как пребывать во Христе. Они также помогают нам научить других, как пребывать в Нем. Повиноваться Его заповедям – это часть того, чтобы быть сильным в Господе. Остальная часть стратегии Иисуса состоит из заповедей, которым нам нужно повиноваться мгновенно, все время и из сердца любви».

ДЕЛИТЕСЬ ЕВАНГЕЛИЕМ

> –Ев. от Марка 1:14,15–
> После же того, как предан был Иоанн, пришел Иисус в Галилею, проповедуя Евангелие Царствия Божия и говоря, что исполнилось время и приблизилось Царствие Божие: покайтесь и веруйте в Евангелие.

«Мы растем сильными в Боге, когда молимся и ходим в Духе. Другой способ возрастания сильными в Боге – это послушание заповедям Иисуса. Иисус заповедал нам присоединиться к Нему там, где Он действует, и делиться благой вестью».

🖐 **Делитесь Евангелием**
Сделайте вашей правой рукой движение, как будто вы разбрасываете семена.

«Для большинства людей хорошая отправная точка для передачи Благой вести другим людям – поделиться свидетельством о том, как Бог спас их. Люди слушают с интересом, и им нравится слушать нашу историю. Когда мы делимся нашим свидетельством, это также помогает нам увидеть, действует ли Святой Дух, чтобы мы могли присоединиться к нему.

Когда мы видим, что Бог действует, мы делимся простым Евангелием. Позаботьтесь о том, чтобы насаждать семя Евангелия. Помните: без семени не бывает урожая!»

- ПОВТОРИТЕ уроки «Идите», «Делитесь» и «Сейте» с движениями рук из *«Следуя за Иисусом. Часть 1 – Делая радикальных учеников».*

«На этом этапе не попадитесь в одну из ловушек сатаны. Многие верующие ошибочно думают, что им нужно быть более сильными в Боге, прежде чем они будут делиться Евангелием. Они не понимают, что верно противоположное. Мы становимся сильнее после, а не до того, как повинуемся заповедям Иисуса. Повинуйтесь заповедям Иисуса, делясь Евангелием, и тогда вы станете сильнее в вашей вере. Если вы будете ждать, пока вы почувствуете себя «достаточно сильным», вы никогда не будете делиться своей верой».

ДЕЛАЙТЕ УЧЕНИКОВ

– Ев. от Матфея 4:19 –
…и говорит им: идите за Мною, и Я сделаю вас ловцами человеков.

«Когда мы пребываем в Иисусе и повинуемся Его заповедям делиться Евангелием, люди будут откликаться и желать возрастать как верующие».

Делайте учеников
Положите руки на сердце, а затем возденьте их в поклонении. Положите руки на пояс, затем поднимите в классической молитвенной позе. Укажите руками на ум, затем опустите глаза, как будто вы читаете книгу. Держите руки в позе силача, затем сделайте вид, как будто вы раскидываете семена.

«Самая важная заповедь, которой необходимо повиноваться, – любить Бога и людей. Мы показываем новым последователям Иисуса, как делать это практически. Мы также учим их, как молиться, повиноваться заповедям Иисуса, ходить в Духе, идти туда, где действует Иисус, делиться своим свидетельством и делиться простым Евангелием, чтобы они тоже могли быть сильными в Боге».

- ПОВТОРИТЕ урок «Любите» с движениями рук из *«Следуя за Иисусом. Часть 1 – Делая радикальных учеников».*

НАЧИНАЙТЕ ГРУППЫ И ЦЕРКВИ

–Ев. от Матфея 16:18–
…и Я говорю тебе: ты - Петр, и на сем камне Я создам Церковь Мою, и врата ада не одолеют ее.

«Когда мы пребываем в Иисусе и повинуемся Его заповедям, мы делимся Евангелием и делаем учеников. Затем, мы следуем примеру Иисуса и начинаем группы, которые поклоняются, молятся, учатся и служат вместе. Иисус начинает такие группы по всему миру, чтобы укрепить Свою Церковь и помочь церквам основывать новые церкви для Его славы».

🖐 Начинайте группы и церкви
Сделайте руками «собирательное» движение, как будто вы приглашаете людей собраться вокруг вас.

РАЗВИВАЙТЕ ЛИДЕРОВ

> –Ев. от Матфея 10:5-8–
> Сих двенадцать послал Иисус, и заповедал им, говоря: на путь к язычникам не ходите, и в город Самарянский не входите; а идите наипаче к погибшим овцам дома Израилева; ходя же, проповедуйте, что приблизилось Царство Небесное; больных исцеляйте, прокаженных очищайте, мертвых воскрешайте, бесов изгоняйте; даром получили, даром давайте.

«Когда мы пребываем во Христе, мы демонстрируем нашу любовь к Нему, повинуясь Его заповедям. Мы делимся Евангелием, чтобы погибающие могли вернуться в Божью семью. Мы делаем учеников, которые любят Бога и людей. Мы начинаем группы, которые поклоняются, молятся, учатся и служат вместе. Большее количество групп создает необходимость в большем количестве лидеров. Следую принципу 222 во 2 Послании к Тимофею 2:2, мы обучаем лидеров, которые обучают лидеров, которые обучают еще больше лидеров».

Развивайте лидеров
Встаньте по стойке «смирно» и отдайте честь, как солдат.

- ПОВТОРИТЕ урок «Умножайте» с движениями рук из *«Следуя за Иисусом. Часть 1 – Делая радикальных учеников»*.

«Пожалуйста, постарайтесь избежать обычной ошибки в понимании стратегии Иисуса. Многие верующие пытаются исполнять эти заповеди последовательно. Сначала, они думают, мы будем

евангелизировать; затем мы будем делать учеников и так далее. Однако, Иисус показал нам, что мы должны повиноваться всем заповедям в любой обстановке. Например, когда мы делимся Евангелием, мы уже обучаем человеком, как быть последователем Иисуса. Когда мы делаем учеников, мы помогаем новообращенным найти существующую группу или начать новую. С самого начала мы демонстрируем привычки горячего духовного лидера.

Эта состоящая из пяти частей стратегия описывает, как Иисус созидает Свою Церковь. Ученики в ранней церкви подражали стратегии Иисуса. Павел копировал эту стратегию в своей миссии к язычникам. Успешные духовные лидеры на протяжении истории Церкви делали то же. Когда лидеры присоединились к Иисусу в Его стратегии по достижению мира, Бог благословил целые страны значительным образом. Да последуем мы стратегии Иисуса и да увидим, как Божья слава приходит в эту страну!»

Стих для заучивания наизусть

–1 Послание к Коринфянам 11:1–
Будьте подражателями мне, как я Христу.

- Все встают и повторяют вместе стих для запоминания наизусть десять раз. Первые шесть раз они могут пользоваться Библиями или записями. Последние четыре раза они произносят его наизусть. Каждый раз произносите место Писания перед цитированием стиха и сядьте, когда закончите.

- Следование этому порядку поможет тренерам узнать, какие команды закончили урок в разделе «Практика».

Практика

«Теперь давайте попрактикуемся в том, что мы узнали о стратегии Иисуса по достижению мира. Мы по очереди расскажем эту стратегию друг другу. Тогда у нас будет уверенность учить ей других».

- Попросите лидеров разбиться на пары.

«Возьмите лист бумаги. Сверните его вдвое. Теперь сверните его еще раз вдвое, как я показываю вам. Это создаст четыре панели, чтобы нарисовать на них стратегию Иисуса, когда вы развернете лист».

- Попросите лидеров попрактиковаться, изображая стратегию Иисуса и объясняя ее друг другу. *Оба лидера рисуют стратегию одновременно.* Но только один человек дает объяснение. Лидерам не нужно повторять уроки из *«Делая радикальных учеников»*, когда они рисуют изображение.
- Когда первый человек в паре заканчивает рисовать и объяснять изображение стратегии Иисуса, второй человек делает то же. *Оба партнера рисуют новое изображение второй раз.* Партнеры затем должны *встать* и вместе произнести стих для заучивания наизусть 10 раз по ранее предложенному образцу.

«Когда вы закончите рисование изображения два раза и произнесение стиха для запоминания наизусть десять раз с вашим первым партнером, найдите

другого партнера и потренируйте этот урок с ним таким же образом.

Когда вы закончите тренироваться с вашим вторым партнером, найдите еще одного партнера».

«Делайте это, пока вы не потренировались в изображении и объяснении стратегии Иисуса по достижению мира с четырьмя разными людьми».

(Когда лидеры закончат это упражнение, у них должен быть лист, заполненный с двух сторон всего восемью изображениями стратегии Иисуса).

Окончание

Иисус сказал «Идите за мной»

–Ев. от Матфея 9:9–
Проходя оттуда, Иисус увидел человека, сидящего у сбора пошлин, по имени Матфея, и говорит ему: следуй за Мною. И он встал и последовал за Ним.

«Сборщики пошлин были одними из наиболее презираемых людей во времена Иисуса. Никто не поверил бы, что Иисус призовет Матфея, так как он был сборщиком пошлин».

Тот факт, что Иисус призвал Матфея, показывает нам, что Он больше заботится о настоящем, нежели о прошлом. Возможно, вы думаете, что Бог не может действовать в вашей жизни, потому что вы совершили слишком много грехов. Возможно, мы испытываете стыд из-за высказываний, которые вы произносили в прошлом. Однако хорошая новость заключается в том, что Бог использует любого, кто сегодня избирает следовать за Иисусом. Бог ищет людей, которые желают пребывать с Ним и слушаться Его.

Когда мы следуем за кем-то, мы копируем его. Ученик копирует своего учителя, чтобы научиться его ремеслу. Ученики становятся подобными своим учителям. Все мы кого-то копируем. Мы становимся такими, как человек, которого мы копируем.

Цель обучения «Следуя за Иисусом» заключается в том, чтобы показать лидерам, как копировать Иисуса. Мы верим, что чем больше мы копируем Иисуса, тем больше мы будем подобны Ему. Поэтому в процессе этого обучения мы будем задавать вопросы, связанные с лидерством, изучать Библию, обнаруживать, как Иисус вел других и практиковать следование за Ним».

- Попросите уважаемого в группе лидера завершить урок молитвой благословения и посвящения следовать стратегии Иисуса по достижению мира.

2

Обучайте подобно Иисусу

Нужда в больше количестве лидеров является общей проблемой в растущих церквах и группах. Усилия по обучению лидеров зачастую терпят неудачу из-за того, что мы не видим простого процесса, который нужно осуществлять. Цель этого урока – объяснить, как обучал лидеров Иисус, чтобы мы могли подражать Ему.

Иисус обучал лидеров, расспрашивая их о прогрессе, которого они добились в своей миссии, и обсуждая любые проблемы, с которыми эти лидеры столкнулись. Также он молился за них и помогал им составлять планы на дальнейшую миссию. Важной частью их обучения было тренировка навыков, которые понадобились бы им в их будущем служении. В Уроке 2 лидеры применяют этот процесс обучения лидеров к своей группе наряду со стратегией Иисуса по достижению мира. Наконец, лидеры развивают «дерево обучения», которое помогает координировать обучение и молитву для лидеров, которых они обучают.

Хвала

- Спойте вместе две песни или гимна. Попросите какого-то лидера помолиться об этом занятии.

Прогресс

- Попросите другого растущего лидера поделиться кратким свидетельством (три минуты) о том, как Бог благословляет его группу. После того, как этот лидер поделится свидетельством, попросите группу помолиться за него.

Проблема

«Церкви и группы признают, что им нужно больше лидеров, но зачастую они не знают, как обучать новых. Теперешние лидеры берут на себя все больше ответственности и работы, пока не сгорают. Последователи просят лидеров делать все больше и больше с все меньшими ресурсами, пока лидеры, в конце концов, не сдаются. Церкви и группы в каждой культуре и стране регулярно сталкиваются с этой проблемой».

План

«Мы можем научиться обучать горячих духовных лидеров. Цель этого урока заключается в том, чтобы показать, как Иисус обучал лидеров, чтобы мы могли копировать Его».

Повторение

Приветствие
Кто созидает Церковь?
Почему это так важно?
Как Иисус созидает Его Церковь?
    Будьте сильными в Боге 🖐
    Делитесь Евангелием 🖐
    Делайте учеников 🖐
    Начинайте группы и церкви 🖐
    Развивайте лидеров 🖐

–1 Послание к Коринфянам 11:1–Будьте подражателями мне, как я Христу.

Как обучал лидеров Иисус?

–Ев. от Луки 10:17–
Семьдесят [учеников] возвратились с радостью и говорили: Господи! и бесы повинуются нам о имени Твоем.

ПРОГРЕСС

«Ученики вернулись с своей миссии и сообщили Иисусу о прогрессе, которого они достигли. Таким же образом, мы говорим с лидерами, которых обучаем. Мы демонстрируем личную заинтересованность в том, как идут дела у их семьи, и какой прогресс достигнут в их служении».

🖐 Прогресс
Поднимите руки, вращая ими одна вокруг другой.

–Ев. от Матфея 17:19–
Тогда ученики, приступив к Иисусу наедине, сказали: почему мы не могли изгнать его?

ПРОБЛЕМЫ

«Ученики столкнулись с проблемами во время своего служения и попросили Иисус помочь им понять, почему они потерпели неудачу. Таким же образом мы просим лидеров поделиться проблемами, с которыми они сталкиваются, чтобы мы могли вместе искать у Бога решения».

🖐 Проблемы
Поместите руки на голову и притворитесь, как будто вы вырываете волосы.

–Ев. от Луки 10:1–
После сего избрал Господь и других семьдесят [учеников], и послал их по два пред лицем Своим во всякий город и место, куда Сам хотел идти.

ПЛАНЫ

«Иисус дал ученика простые, духовные и стратегические планы, которым им нужно было следовать в их миссии. Подобным образом, мы помогаем лидерам составить план для их «следующей тактики», который будет простым, зависимым от Бога и нацеленным на проблемы, с которыми они сталкиваются».

Планы
Выставите свою левую руку, как бумагу, и «пишите» на ней правой рукой.

–Ев. от Иоанна 4:1,2–
Когда же узнал Иисус о [дошедшем до] фарисеев слухе, что Он более приобретает учеников и крестит, нежели Иоанн, - хотя Сам Иисус не крестил, а ученики Его…

ПРАКТИКА

«Открытие о том, что ученики, а не Иисус, крестили новообращенных, удивляет многих лидеров. В

нескольких случаях подобных этому Иисус позволял ученикам выполнять задания, которые они должны были выполнять после того, как Он вернется на небеса. Подобным образом, мы даем лидерам возможность практиковать навыки, которые им понадобятся, когда они вернутся в свои служения. Мы предоставляем им «безопасное место», чтобы тренироваться, делать ошибки и приобретать уверенность».

✋ Практика
Поднимайте и опускайте руки, как будто вы поднимаете штангу.

⊕

–Ев. от Луки 22:31,32–
И сказал Господь: Симон! Симон! се, сатана просил, чтобы сеять вас как пшеницу, но Я молился о тебе, чтобы не оскудела вера твоя; и ты некогда, обратившись, утверди братьев твоих.

МОЛИТВА

«Иисус уже знал, что Петр совершит ошибки и столкнется с искушением все бросить. Иисус также знал, что молитва является ключом к силе и выносливости в нашем хождении с Богом. Молитва за тех, кого мы ведем, – самая важная поддержка, которую мы можем им оказать».

Молитва
Сложите руки перед лицом в классической «молитвенной позе».

Стих для заучивания наизусть

–Ев. от Луки 6:40–
Ученик не бывает выше своего учителя; но, и усовершенствовавшись, будет всякий, как учитель его.

- Все встают и по памяти произносят стих для заучивания наизусть десять раз. Первые шесть раз они могут пользоваться Библиями или записями. Последние четыре раза они произносят его наизусть. Каждый раз произносите место Писания перед цитированием стиха и сядьте, когда закончите. Попросите лидеров сесть, когда они закончат.
- Следование этому порядку поможет тренерам узнать, какие команды закончили урок в разделе «Практика».

Практика

- Разбейте лидеров на группы по четыре человека.
- Проведите лидеров шаг за шагом через процесс обучения, давая им по 7-8 минут, чтобы обсудить каждый из следующих разделов.

Повторение

«Назовите пять частей стратегии Иисуса по достижению мира?»

- Когда лидеры дают ответ, рисуйте эту диаграмму на доске.

ПРОГРЕСС

«Какую часть стратегии Иисуса по достижению мира легче всего выполнять вашей группе?»

ПРОБЛЕМЫ

«Поделитесь проблемами, с которыми сталкивается ваша группа, следуя стратегии Иисуса по достижению мира. Какая часть стратегии Иисуса труднее всего выполнять вашей группе?»

ПЛАНЫ

«Расскажите об одном задании, в котором вы поведете вашу группу в течение последующих 30 дней, и которая поможет вам следовать стратегии Иисуса по достижению мира более эффективно».

- Каждый должен записать планы своего партнера, чтобы можно было молиться о них впоследствии.

ПРАКТИКА

«Расскажите об одном навыке, которые вы лично будете практиковать на протяжении последующих 30 дней, чтобы стать лучше как лидер в своей группе».

- Каждый должен записать навык своего партнера, чтобы можно было молиться о нем впоследствии.
- После того, как все рассказали, какой навык они будут тренировать, члены группы встают, чтобы произнести вместе стих для заучивания наизусть десять раз.

МОЛИТВА

«В своей малой группе проведите время в молитве о планах друг друга и о навыке, который вы будете тренировать на протяжении последующих 30 дней, чтобы стать лучше как лидер».

Окончание

Дерево обучения

«Дерево обучения» – это полезный инструмент для организации и молитвы за людей, которых мы обучаем в качестве лидеров».

- Нарисуйте на доске ствол дерева, корни дерева и линию, обозначающую уровень травы.

«Я начинаю рисовать мое дерево обучения таким образом. Я рисую ствол, затем корни и, наконец, траву. Библия говорит, что мы укоренены во Христе, поэтому я напишу Его имя здесь. Так как этот рисунок – мое дерево обучения, я помещу свое имя на ствол».

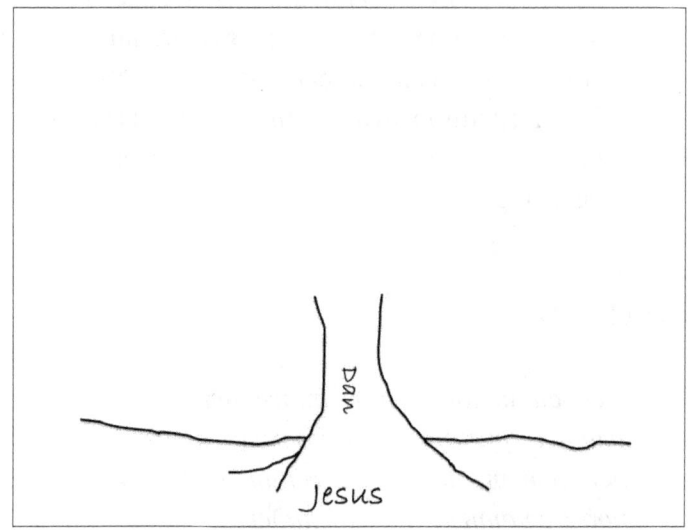

- Подпишите под корнями «Иисус» и напишите ваше имя на стволе дерева.

«Иисус вложил бо́льшую часть Его лидерского обучения в трех человек: Петра, Иакова и Иоанна. Я хочу подражать Ему, поэтому я будут делать то же. Бог дал мне трех лидеров, чтобы вкладывать бо́льшую часть моего времени обучения в них».

- Нарисуйте три линии, расходящиеся вверх от ствола дерева. Наверху каждой линии напишите имена трех основных лидеров, которых вы обучаете.

«Иисус обучил троих и показал им, как обучать других. Если каждый обучит трех других (подобно Иисусу), это даст нам всего двенадцать. Гм. У Иисуса было двенадцать учеников. Разве это не интересно?»

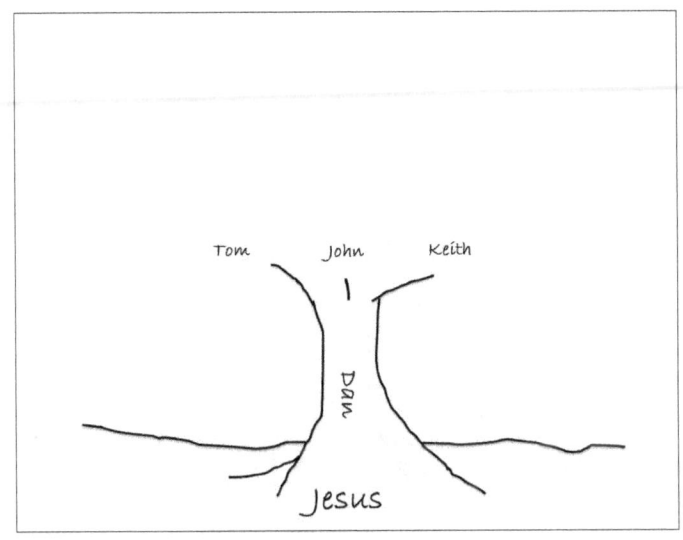

- Нарисуйте три линии, расходящиеся вверх от каждого из трех основных лидеров, которых вы обучаете. Напишите наверху каждой линии имя человека, которого обучают ваши основные лидеры. Расскажите любые истории о вашем дереве обучения, который Святой Дух напомнит вам. Нарисуйте листья вокруг веток, чтобы придать вашему дереву законченный вид.

«Теперь я хотел бы, чтобы вы нарисовали свое собственное "Дерево обучения". Возможно, вам будет нужно написать некоторые из имен "верой", но постарайтесь набрать двенадцать человек для дерева обучения. Первые три ветки – это основные лидеры, которых вы будете обучать. У каждого из этих лидеров есть три ветки, на которых находятся лидеры, с которыми они проводят больше всего времени в обучении».

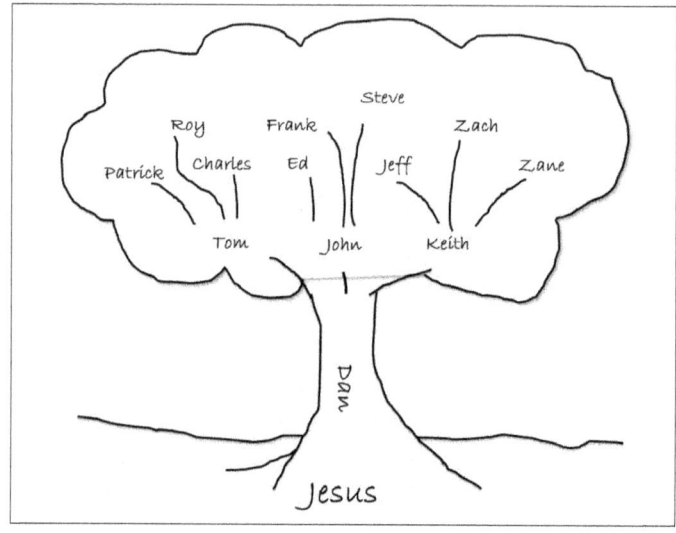

- Пока лидеры рисуют свои «Деревья обучения», скажите следующее:

«Меня часто спрашивают: "Как мне обучать лидеров?" Иисус сказал: просите и получите. Вы просили у Него того, что вам нужно? Это обучение даст вам инструменты, необходимые для обучения лидеров.

Другие говорят: "Я не знаю никого, кого я могу обучить как лидера". Иисус сказал: ищите и найдете. Вы искали людей, чтобы обучать их, или вы ждете, пока они придут к вам? Он сказал: "ищите", а не "ждите".

Третьи спрашивают: "Где я должен начать обучать лидеров?" Иисус сказал: стучите, и для вас откроется дверь. Вы стучали? Бог благословит нас указаниями, когда вы предпримите первый шаг веры.

Чаще всего причина, по которой у нас нет "Дерева обучения", заключается в том, что мы не просили, не стучали или не искали. Когда мы послушны заповедям Иисуса из любящего сердца, Бог даст нам больше возможностей для обучения, чем мы можем себе представить.

Это пособие поможет вам наставлять других лидеров в отношении их прогресса, проблем, планов, практик и молитвы».

- Попросите одного из лидеров из группы завершить занятие молитвой.

«Молитесь за лидеров на наших деревьях обучения и планах, которые мы составили в наших малых группах. Молитесь о навыках, которые мы будем тренировать, чтобы вырасти как лидер на протяжении следующего месяца».

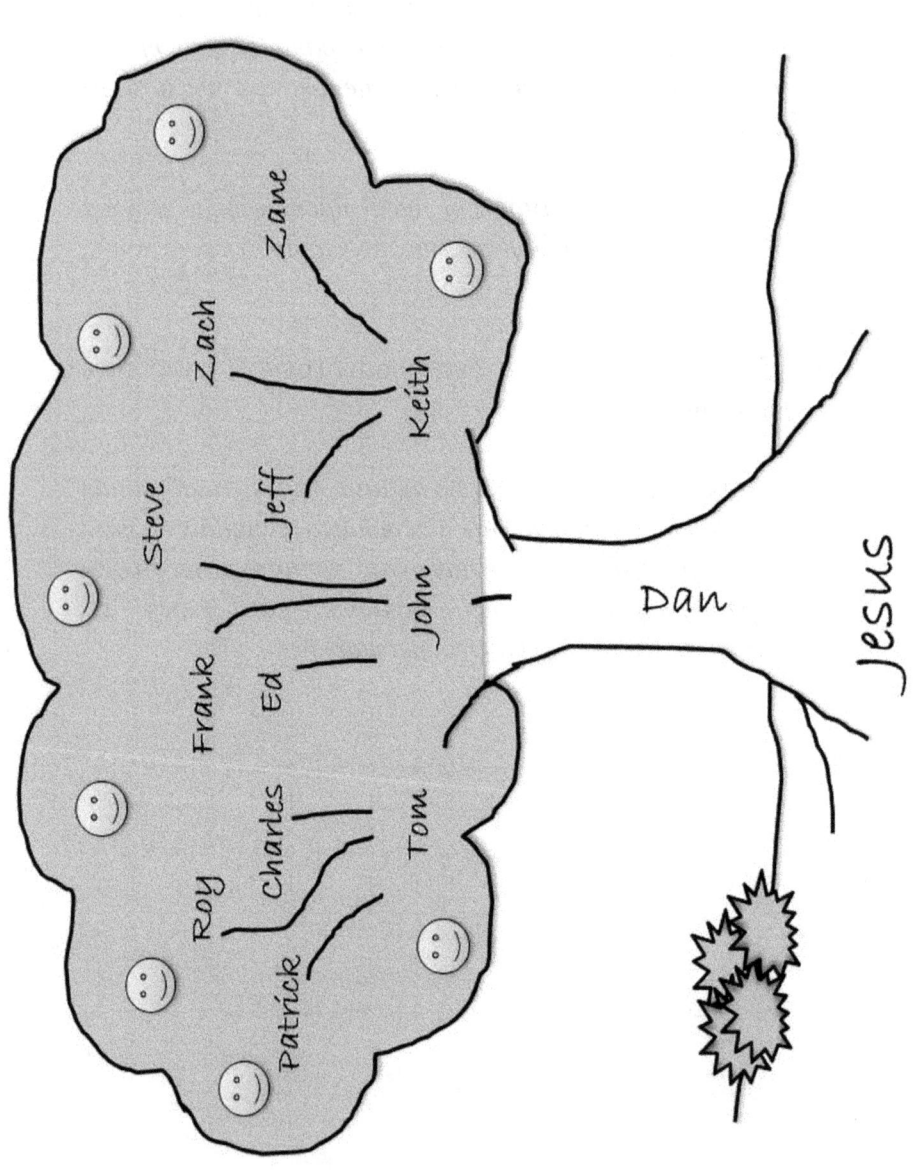

3

Вести, как Иисус

Иисус Христос был величайшим лидером всех времен. Ни один человек не оказывал влияние на большее количество людей чаще, чем Он. Урок 3 представляет 7 качеств отличного лидера, основываясь на лидерском стиле Иисуса. Затем лидеры размышляют над сильными и слабыми сторонами своего собственного опыта лидерства. Созидающая команду игра завершает занятие, демонстрируя силу «разделенного лидерства».

Все переживает подъем или упадок в зависимости от сердца лидера, поэтому мы смотрим на то, как вел учеников Иисус, чтобы мы могли подражать Ему. Иисус возлюбил их до конца, понимал Свою миссию, знал проблемы группы, давал Своим последователям пример для подражания, конфронтировал с добротой и знал, что Бог благословлял Его послушание. Все проистекает из нашего сердца. Следовательно, как лидеры мы должны начинать именно с отношения нашего сердца.

Хвала

- Спойте вместе две песни или гимна. Попросите кого-то из лидеров помолиться об этом занятии.

Прогресс

- Попросите другого растущего лидера поделиться кратким свидетельством (три минуты) о том, как Бог благословляет его группу. После того, как этот лидер поделится свидетельством, попросите группу помолиться за него.
- Или смоделируйте время наставления с лидером, используя процесс обучения лидерству «Прогресс, проблемы, план, практика, молитва».

Проблема

«Мир полон лидеров с различными лидерскими стилями. Как должен выглядеть мой стиль как у последователя Иисуса?»

План

«Иисус Христос был величайшим лидером всех времен. Ни один человек не оказывал влияние на большее количество людей чаще, чем Он. В этом уроке мы посмотрим на то, как Иисус вел людей, чтобы мы могли подражать Ему».

Повторение

Приветствие
    Кто созидает Церковь?
    Почему это так важно?
    Как Иисус созидает Его Церковь?
        Будьте сильным в Боге 🖐
        Делитесь Евангелием 🖐
        Делайте учеников 🖐
        Начинайте группы и церкви 🖐
        Развивайте лидеров 🖐

> –1 Послание к Коринфянам 11:1–Будьте подражателями мне, как я Христу.

Обучайте, как Иисус
    Как обучал лидеров Иисус?
        Прогресс 🖐
        Проблемы 🖐
        Планы 🖐
        Практика 🖐
        Молитва 🖐

> –Ев. от Луки 6:40–Ученик не бывает выше своего учителя; но, и усовершенствовавшись, будет всякий, как учитель его.

Кто, по словам Иисуса, является величайшим лидером?

–Ев. от Матфея 20:25-28–
Иисус же, подозвав их, сказал: вы знаете, что князья народов господствуют над ними, и вельможи властвуют ими; но между вами да не

БУДЕТ ТАК: А КТО ХОЧЕТ МЕЖДУ ВАМИ БЫТЬ БОЛЬШИМ, ДА БУДЕТ ВАМ СЛУГОЮ; И КТО ХОЧЕТ МЕЖДУ ВАМИ БЫТЬ ПЕРВЫМ, ДА БУДЕТ ВАМ РАБОМ; ТАК КАК СЫН ЧЕЛОВЕЧЕСКИЙ НЕ [ДЛЯ ТОГО] ПРИШЕЛ, ЧТОБЫ ЕМУ СЛУЖИЛИ, НО ЧТОБЫ ПОСЛУЖИТЬ И ОТДАТЬ ДУШУ СВОЮ ДЛЯ ИСКУПЛЕНИЯ МНОГИХ.

«Величайший лидер является величайшим слугой».

✋ Отдайте честь, как солдат, затем сложите руки вместе и поклонитесь, как слуга.

Каковы семь качеств выдающегося лидера?

–Ев. от Иоанна 13:1-17–
¹Перед праздником Пасхи Иисус, зная, что пришел час Его перейти от мира сего к Отцу, [явил делом, что], возлюбив Своих сущих в мире, до конца возлюбил их.
²И во время вечери, когда диавол уже вложил в сердце Иуде Симонову Искариоту предать Его,
³Иисус, зная, что Отец все отдал в руки Его, и что Он от Бога исшел и к Богу отходит,
⁴встал с вечери, снял [с Себя верхнюю] одежду и, взяв полотенце, препоясался.
⁵Потом влил воды в умывальницу и начал умывать ноги ученикам и отирать полотенцем, которым был препоясан.
⁶Подходит к Симону Петру, и тот говорит Ему: Господи! Тебе ли умывать мои ноги?
⁷Иисус сказал ему в ответ: что Я делаю, теперь ты не знаешь, а уразумеешь после.

⁸Петр говорит Ему: не умоешь ног моих вовек. Иисус отвечал ему: если не умою тебя, не имеешь части со Мною.

⁹Симон Петр говорит Ему: Господи! не только ноги мои, но и руки и голову.

¹⁰Иисус говорит ему: омытому нужно только ноги умыть, потому что чист весь; и вы чисты, но не все.

¹¹Ибо знал Он предателя Своего, потому [и] сказал: не все вы чисты.

¹²Когда же умыл им ноги и надел одежду Свою, то, возлегши опять, сказал им: знаете ли, что Я сделал вам?

¹³Вы называете Меня Учителем и Господом, и правильно говорите, ибо Я точно то.

¹⁴Итак, если Я, Господь и Учитель, умыл ноги вам, то и вы должны умывать ноги друг другу.

¹⁵Ибо Я дал вам пример, чтобы и вы делали то же, что Я сделал вам.

¹⁶Истинно, истинно говорю вам: раб не больше господина своего, и посланник не больше пославшего его.

¹⁷Если это знаете, блаженны вы, когда исполняете.

1. ВЫДАЮЩИЕСЯ ЛИДЕРЫ ЛЮБЯТ ЛЮДЕЙ

«В стихе 1 Иисус и ученики разделяли последнюю вечерю перед тем, как Иисус был распят. Библия говорит, что Иисус возлюбил их до конца и показал им, как Он возлюбил их, на этой вечере.

Лидеру бывает трудно любить людей, когда они совершают ошибки, но Иисус возлюбил людей, которых Он вел, до конца.

Лидеру бывает трудно любить людей, когда они критикуют его, но Иисус возлюбил людей, которых Он вел, до конца.

Лидеру бывает трудно любить людей, когда они подводят его, но Иисус возлюбил людей, которых Он вел, до конца.

🖐 Любят людей
Похлопайте рукой по груди.

2. ВЫДАЮЩИЕСЯ ЛИДЕРЫ ЗНАЮТ СВОЮ МИССИЮ.

«В стихе 3 Библия говорит, что Иисус знал, откуда Он пришел, куда Он идет, и что Бог все отдал в Его власть.

Иисус знал, что Он пришел на землю для определенной цели.

Иисус знал, что Он пришел на землю умереть на кресте за наши грехи.

Иисус знал, что Он пришел на землю победить сатану и вернуть нас Богу.

Бог дает каждому человеку уникальную миссию, чтобы он исполнил ее, находясь на земле. Выдающиеся лидеры знают свою миссию и вдохновляют других следовать за ними».

🖐 Знают свою миссию
Отдайте честь, как солдат, и утвердительно кивните головой.

3. ВЫДАЮЩИЕСЯ ЛИДЕРЫ СЛУЖАТ СВОИМ ПОСЛЕДОВАТЕЛЯМ.

«В стихе 4 Иисус встал с трапезы и снял верхнюю одежду. Затем Он опоясался полотенцем и начал мыть ноги ученикам.

Мирские лидеры ожидают, что их последователи будут служить им. Однако лидеры подобные Иисусу служат своим последователям.

Мирские лидеры осуществляют контроль и владычество над теми, кого они ведут. Однако лидеры подобные Иисусу делают сильнее тех, кто следует за ними.

Мирские лидеры фокусируются на себе, а не на людях, которых они ведут. В противоположность им, лидеры, подобные Иисусу, фокусируются на нуждах своих последователей, зная, что Бог восполнит их собственные нужды, когда они будут заботиться о других. Бог благословляет нас, чтобы мы могли благословлять других».

🖐 Служат своим последователям
Сложите руки в классическое молитвенное положение.

4. ВЫДАЮЩИЕСЯ ЛИДЕРЫ ИСПРАВЛЯЮТ С ДОБРОТОЙ.

«С 6 по 9 стихи Петр допустил несколько ошибок, но каждый раз Иисус исправлял его с добротой.

Петр сказал Иисусу, чтобы Он не мыл ему ноги. Иисус сказал ему, что это было необходимо для их дружбы. Он исправил его с добротой.

Затем Петр сказал Иисус омыть все его тело. Иисус сказал ему, что он уже чистый, вновь исправляя его с добротой.

Мирские лидеры критикуют, обвиняют и унижают людей. Лидеры подобные Иисусу исправляют с добротой, ободряют своих последователей и ведут людей выше».

> Исправляют с добротой
> Изобразите сердце указательными и большими пальцами обеих рук.

5. ВЫДАЮЩИЕСЯ ЛИДЕРЫ ЗНАЮТ ТЕКУЩИЕ ПРОБЛЕМЫ В ГРУППЕ.

«Библия говорит нам в стихах 10 и 11, что Иисус знал, что Иуда представлял собой проблему в группе, и что он предаст Его.

Понимание, где в группе существуют проблемы, и обращение к ним – это важная часть лидерства. Многие лидеры пытаются спрятаться от проблем, встающими перед их группой, но проблемы становятся только больше.

Заметьте, как Иисус проявлял сдержанность в Его обращении с Иудой, зная, что за злые дела воздает Бог, а не сами лидеры».

> 🖐 **Проблемы в группе**
> Обхватите руками голову, как будто у вас головная боль.

6. ВЫДАЮЩИЕСЯ ЛИДЕРЫ ПОДАЮТ ХОРОШИЙ ПРИМЕР ДЛЯ ПОДРАЖАНИЯ.

«В стихах с 12 по 16 Иисус объяснил, почему Он омыл ноги ученикам. Он был их лидером, однако Он омыл им ноги, что было делом слуги. Иисус показал ученикам, что лидерство включает в себя служение друг другу.

Последователи отражают своего лидера и подражают ему. Если мы последователи Иисуса, то те, кто следует за нами как лидерами, тоже следует за Иисусом».

> 🖐 **Подают хороший пример**
> Укажите на небеса и утвердительно качните головой.

7. ВЫДАЮЩИЕСЯ ЛИДЕРЫ ЗНАЮТ, ЧТО ОНИ БЛАГОСЛОВЕНЫ.

«В стихе 17 Иисус сказал ученикам, что Бог благословит их, когда они ведут других, служа им.

Временами вести других трудно, но те, кто следует за Иисусом, знают, что они благословлены.

Временами вести других одиноко, но Иисус благословляет тех, кто ведет, Его присутствием.

Последователи не всегда благодарны своим лидерам, но Иисус обещает Божью поддержку, когда мы следуем Его примеру водительства, служа другим.

🖐 Знают, что они благословлены
Поднимите руки в хвале к небесам.

Стих Для Заучивания Наизусть

–Ев. от Иоанна 13:14,15–
Итак, если Я, Господь и Учитель, умыл ноги вам, то и вы должны умывать ноги друг другу. Ибо Я дал вам пример, чтобы и вы делали то же, что Я сделал вам.

- Все встают и по памяти произносят стих для заучивания наизусть десять раз. Первые шесть раз они могут пользоваться Библиями или записями. Последние четыре раза они произносят его наизусть. Каждый раз произносите место Писания перед цитированием стиха и сядьте, когда закончите.
- Следование этому порядку поможет тренерам узнать, какие команды закончили урок в разделе «Практика».

Практика

- Разделите лидеров на группы по четыре человека.

    «Теперь мы будем использовать тот же процесс обучения, который использовал Иисус, чтобы тренировать то, что мы узнали на этом уроке лидерства».

- Проведите лидеров шаг за шагом через процесс обучения, давая им по 7-8 минут, чтобы обсудить каждый из следующих разделов.

Прогресс

«Поделитесь с вашей группой, какое из семи качеств лидера наиболее легкое для вас».

Проблемы

«Поделитесь с вашей группой, какое из семи качеств лидера наиболее трудное для вас».

Планы

«Расскажите об одном задании, в котором вы поведете вашу группу в течение последующих 30 дней, и которое поможет вам следовать стратегии Иисуса по достижению мира более эффективно».

- Каждый должен записать планы своего партнера, чтобы можно было молиться о них впоследствии.

ПРАКТИКА

«Расскажите об одном навыке, которые вы лично будете практиковать на протяжении последующих 30 дней, чтобы стать лучше как лидер в своей группе».

- Каждый должен записать навык своего партнера, чтобы можно было молиться о нем впоследствии.
- После того, как все рассказали, какой навык они будут тренировать, члены группы встают, чтобы произнести вместе стих для заучивания наизусть десять раз.

МОЛИТВА

«В своей малой группе проведите время в молитве о планах друг друга и о навыке, который вы будете тренировать на протяжении последующих 30 дней, чтобы стать лучше как лидер».

Окончание

Чинлон

- Попросите шесть добровольцев продемонстрировать свое умение в чинлоне*. Помогите шестерым участникам стать в круг посередине комнаты.

«Я договорился, чтобы знаменитая команда чинлонистов продемонстрировала свое умение.

Давайте поаплодируем им и поблагодарим за то, что они пришли».

- Выстройте игроков с одним человеком впереди в качестве «лидера». Попросите остальных сформировать два ряда лицом к лидеру.

«Сперва наша знаменитая команда чинлонистов покажет, как играть «по-гречески». Послушайте, каким правилам они будут следовать. Каждый человек должен передать мяч лидеру. После того, как лидер получит мяч, он должен передать мяч другому игроку. Мы будем наказывать игроков, которые будут передавать мяч другим игрокам, а не лидеру».

- Попросите команду показать, как играть в чинлон «по-гречески». Играть будет неудобно и запутанно для игроков. Шутливо хватайте людей, которые будут передавать мяч кому-то, кроме лидера. Кричите: «Штрафной!» Исправляйте их ошибку и показывайте им, что они должны передавать мяч только лидеру.

«Что происходит, когда они играют таким образом?» (Играть в игру с такими правилами было трудно. Игроки выглядели уставшими. Это не было весело).

- Теперь попросите игроков образовать нормальный круг для чинлона, но поставьте «лидера» посередине.

«На этот раз группа чинлонистов будет играть "по-еврейски", но с лидером, который пытается все контролировать. Мы будем использовать те же

правила, что и раньше: игроки должны передавать мяч лидеру, который потом передает его другим».

- У команды будет получаться на этот раз лучше, но через несколько минут у лидера начнут проявляться признаки усталости. Фиксируйте нарушение шутливым тоном, если игроки будут передавать мяч кому-то, кроме лидера.

    «Что произошло, когда они играли в чинлон таким образом?» (Лидер усердно работал и очень устал. Игроки допустили много ошибок. Это было утомительно).

- Поставьте игроков в круг с каждый человеком, включая лидера, стоящим в кругу. Скажите им, чтобы они не передавали мяч лидеру каждый раз. Попросите их передавать мяч так, как это у них получается.

    «Теперь знаменитая команда чинлонистов покажет, как по-настоящему играть по-еврейски».

- Позвольте им поиграть несколько минут, чтобы все на семинаре получили удовольствие от наблюдения за ними и комментариев об их игре.

«Что произошло, когда они играли в чинлон таким образом? (Участвовала вся команда. Вся команда была успешной. Они сыграли прекрасно).

Третий способ игры в чинлон – прекрасный пример служащего лидерства. Лидер помогает всем в группе принимать участие и делать вклад. Лидер не управляет всем, но предоставляет другим свободу выражать свой уникальный стиль. Это пример лидерства, которое дал нам Иисус для подражания».

- Попросите одного из лидеров в группе завершить занятие молитвой.

«Помолитесь, чтобы все мы как лидеры вели подобно Иисусу, и за планы, которые мы составили в наших малых группах. Молитесь также за навыки, которые мы будем практиковать, чтобы стать более

хорошими лидерами на протяжении последующих 30 дней».

*Чинлон – название игры, в которую обычно играют мужчины в Бирме. Участники делают круг и передают тростниковый мяч друг другу, используя только ноги. Цель чинлона – не позволять мячу упасть на землю как можно дольше. Игроки часто совершают особые удары и движения, чтобы впечатлить зрителей. Высота и точность паса срывают самые бурные аплодисменты у зрителей и участников.

В чинлон играют по всей Азии, но у каждой страны есть свое название для этой игры. Узнайте у местных жителей название игры в том регионе, где вы проводите обучение.

Если вы обучаете лидеров в регионе, где нет игры подобной «чинлону», вы можете заменить мяч на «сокс» или использовать воздушный шарик для тех же целей.

4

Возрастайте в силе

Лидеры, которых вы обучаете, ведут группы и узнают, насколько трудно бывает вести других. Лидеры сталкиваются со значительным духовным воинствованием извне группы и личными трудностями внутри ее. Ключ к эффективному лидерству заключается в идентификации различных типов личности и определению, как эффективно работать с ними как с командой. Урок «Возрастайте в силе» предоставляет лидерам простой способ помогать людям обнаруживать их тип личности. Когда мы понимаем, как Бог нас сотворил, у нас есть мощные ключи к тому, как мы можем возрастать в силе в Нем.

Вот восемь типов личности: Воин, Искатель, Пастух, Сеятель, Сын\Дочь, Святой, Слуга и Управитель. После того, как тренеры определили их тип, они обсуждают сильные и слабые стороны каждого типа. Многие люди полагают, что Бог любит тот тип личности, который наиболее ценят в их культуре. Другие лидеры верят, что способность к лидерству зависит от типа личности. Это ограничивающие убеждения просто ошибочны. Занятие заканчивается утверждением, что лидеры должны обращаться с людьми как с личностями. Обучение лидерству должно быть не стандартным, но адресованным личным нуждам.

Хвала

- Спойте вместе две песни или гимна. Попросите какого-то лидера помолиться об этом занятии.

Прогресс

- Попросите другого растущего лидера поделиться кратким свидетельством (три минуты) о том, как Бог благословляет его группу. После того, как этот лидер поделится свидетельством, попросите группу помолиться за него.
- Или, как вариант, смоделируйте с одним из лидеров время наставления, используя модель обучения лидерству «Прогресс, проблемы, план, практика, молитва».

Проблема

«Лидеры часто ошибочно ожидают, что их последователи будут действовать и реагировать таким же образом, что и они. Однако, Бог создал людей со многими разными типами личностей. Один из ключей к эффективному лидерству заключается в идентификации различных типов личности и

определению, как эффективно работать с ними как с командой.

Иисус является Сыном и желает, чтобы любовь и единство изобиловали в Его семье. Понимание разных типов личности поможет нам любит других больше».

План

«На этом уроке мы узнаем о восьми различных типах личности. Вы обнаружите, какой тип личности Бог дал вам, и как помочь другим узнать свой тип личности. Каждый верующий может становится стать сильнее в Господе, когда он поймет, как Бог сотворил его».

Повторение

Приветствие
    Кто созидает Церковь?
    Почему это так важно?
    Как Иисус созидает Его Церковь?
        Будьте сильным в Боге 🖐
        Делитесь Евангелием 🖐
        Делайте учеников 🖐
        Начинайте группы и церкви 🖐
        Развивайте лидеров 🖐

    –1 Послание к Коринфянам 11:1–Будьте подражателями мне, как я Христу.

Обучайте, как Иисус

Как обучал лидеров Иисус?
- Прогресс
- Проблемы
- Планы
- Практика
- Молитва

–Ев. от Луки 6:40–Ученик не бывает выше своего учителя; но, и усовершенствовавшись, будет всякий, как учитель его.

Ведите, как Иисус

Кто, по словам Иисуса, является величайшим лидером?
Каковы семь качеств выдающегося лидера?

1. Выдающиеся лидеры любят людей
2. Выдающиеся лидеры знают свою миссию
3. Выдающиеся лидеры служат своим последователям
4. Выдающиеся лидеры исправляют с добротой
5. Выдающиеся лидеры знают текущие проблемы в группе
6. Выдающиеся лидеры подают хороший пример
7. Выдающиеся лидеры знают, что они благословлены

–Ев. от Иоанна 13:14,15–Итак, если Я, Господь и Учитель, умыл ноги вам, то и вы должны умывать ноги друг другу. Ибо Я дал вам пример, чтобы и вы делали то же, что Я сделал вам.

Какой тип личности Бог дал вам?

- Попросите лидеров нарисовать большой круг на чистом листе бумаги в своих тетрадях.

«Круг, который я рисую, символизирует всех людей в мире».

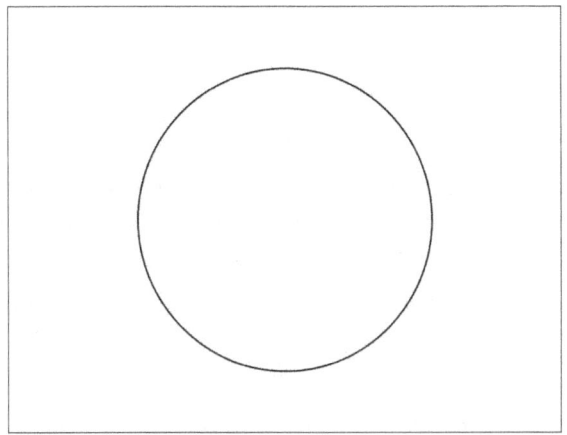

- Попросите лидеров нарисовать горизонтальную линию, которая разделяет круг надвое. Напишите с правой стороны круга «взаимоотношения», а с левой – «задания».

«Каждый человек входит в одну из этих групп: люди, которые являются более «ориентированными на задание», и люди, которые являются более «ориентированными на взаимоотношения». Бог сотворил оба этих типа людей, поэтому ни один из них не лучше и не хуже, – просто Бог так сотворил людей. Выберите на линии точку, которая, по вашему мнению, лучше всего представляет тип человека, которым вы являетесь».

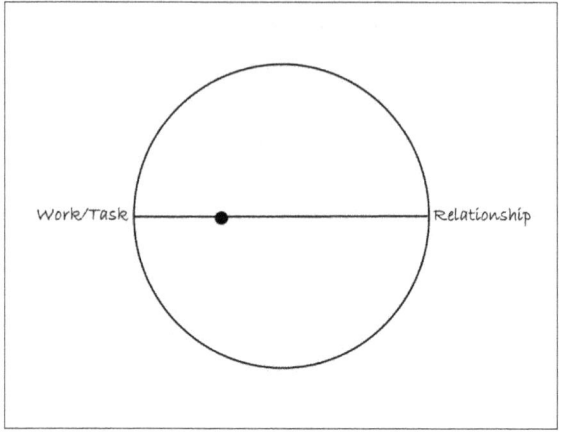

(Человек, более ориентированный на задание, поставит точку на линии ближе к левой стороне. Человек, более ориентированный на взаимоотношения, поставит точку на линии ближе к правой стороне. Если человек ориентирован наполовину на взаимоотношения и наполовину на задание, скажите ему, чтобы он поставил отметку посередине линии, но с одной или другой стороны).

«Покажите ваши результаты соседу и узнайте, согласен ли ваш сосед с выбранным вами расположением точки. Уделите этому 5 минут».

- Попросите лидеров нарисовать вертикальную линию, которая делить круг на четыре равные части. Напишите наверху круга «экстраверт», а внизу круга – «интроверт».

«Каждый в мире входит также в одну из еще двух групп: те, кто более «внешне» ориентированы (экстраверты), и те, кто более «внутренне»

ориентированы (интроверты). *Никакой из этих фокусов не лучше и не хуже другого. Просто так Бог сотворил людей.*

Выберите на вертикальной линии место, которое лучше всего отражает ваши предпочтения».

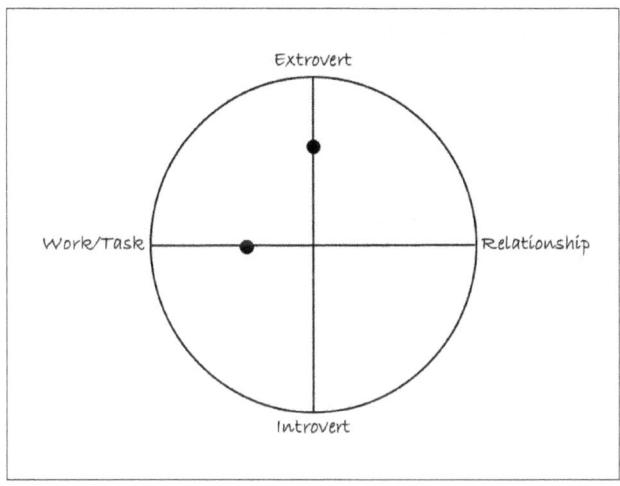

(*Внешне ориентированный человек поставит отметку ближе к вершине круга. Внутренне ориентированный человек поставит отметку ближе к низу круга. Если человек наполовину экстраверт, наполовину интроверт, скажите ему, чтобы он поставил отметку ближе к центру, но с одной стороны или с другой*).

«*Покажите ваши результаты соседу и узнайте, согласен ли ваш сосед с выбранным вами расположением точки. Уделите этому около 3 минут».*

- Попросите лидеров нарисовать две диагональные линии (в форме Х), что теперь разделит круг на восемь равных частей.
- Затем лидеры рисуют квадрат пунктиром, чтобы определить, в каком секторе оказывается их тип личности.
- Иллюстрация ниже показывает законченную диаграмму человека с типом личности «искатель».

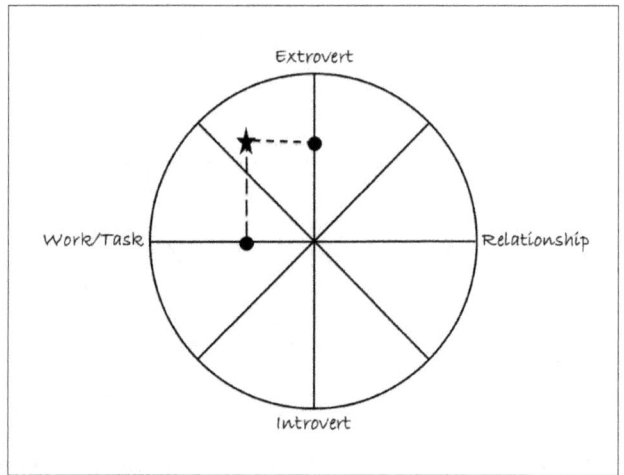

- Начиная с сектора 9:00-10:30 идите по часовой стрелке и объясняйте следующие восемь типов личности:
- Вписывайте название типа личности в сектор, когда вы объясняете его положительные и отрицательные качества.

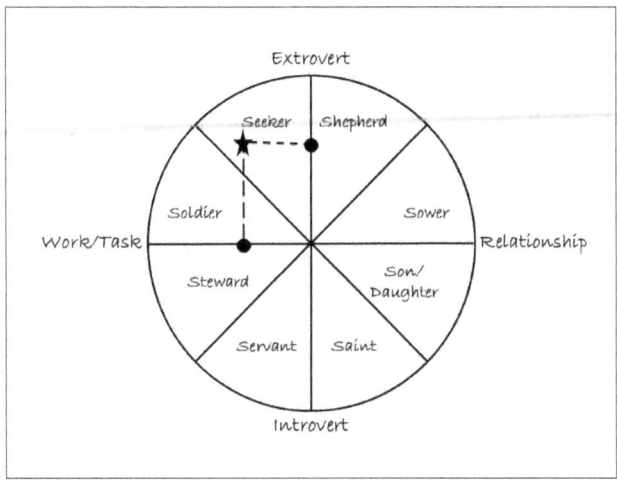

ВОИН

- Высокая ориентация на задание, немного больше внешней ориентации, нежели внутренней.
- Позитивные: видит, что необходимо для победы, решительное, честолюбивое и «во что бы то ни стало» отношение.
- Негативные: может быть доминирующим и нечувствительным; может выигрывать сражение, но проигрывать войну.

ИСКАТЕЛЬ

- Высокая внешняя ориентация, немного больше ориентации на задание, чем на взаимоотношения.
- Позитивные: видит новые возможности, хорошо работает с людьми, предприниматель.
- Негативные: может стремиться к удовольствию; может быть неспособным фокусироваться на одной задаче; может думать, что новое – всегда лучшее.

ПАСТУХ

- Высокая внешняя ориентация, немного больше ориентации на взаимоотношения, чем на задание.
- Позитивные: видит духовные нужды людей; нравится вести группы; прекрасно воодушевляет людей, испытывающих эмоциональные проблемы.
- Негативные: может вести себя, как босс; может создавать группировки; может испытывать проблемы с существующими лидерами.

СЕЯТЕЛЬ

- Высокая ориентация на отношения, немного больше внешней ориентации, чем внутренней.
- Позитивные: видит потенциал в людях, наставляет, постоянно самосовершенствуется.
- Негативные: может сеять распри; борется с разочарованием, слишком часть говорит на любимые темы.

СЫН\ДОЧЬ

- Высокая ориентация на отношения, немного больше внутренней ориентации, чем внешней.
- Позитивные: видит, что необходимо, чтобы другие почувствовали себя «частью семьи»; хранит мир; подчеркивает важность каждого человека.
- Негативные: может верить, что его семья – «лучшая», может быть ревнивым и незащищенным.

СВЯТОЙ

- Высокая внутренняя ориентация, немного больше ориентации на взаимоотношения, чем на задание.
- Позитивные: видит способы, которыми люди могут вступить в отношения с Богом; поддерживает традиции; моральный голос общества.
- Негативные: может показаться «более святым, чем остальные»; имеет проблемы с принятием других людей; иногда страдает от законничества.

СЛУГА

- Высокая внутренняя ориентация, немного больше ориентации на задание, чем на взаимоотношения.
- Позитивные: видит, как восполнить физические нужды людей; верный; лучше всего работает за кулисами.
- Негативные: служит другим, но может не заботиться о своей собственной семье; медленно принимает перемены; с трудом видит большую картину.

УПРАВИТЕЛЬ

- Высокая ориентация на задание, немного больше внутренней ориентации, чем внешней.
- Позитивные: видит лучший способ организации ресурсов, мудрый и практичный.
- Негативные: может зарыться в бюрократии, недостаток сочувствия, ставит нужды организации выше насущных нужд людей.

«Покажите вашему партнеру, на какого из восьми типов личности вы похожи и приведите примеры».

Какой тип личности Бог любит больше всего?

- Позвольте лидерам подискутировать на эту тему. Их ответы дадут вам хорошее понимание их культуры. Каждая культура тяготеет к тому, чтобы ценить один или два образа Христа больше, чем остальные.

  «Бог дал каждому тип личности и закончив, Он сказал: "Это хорошо". Они все – Его любимые».

Из какого типа личности получаются лучшие лидеры?

- *Попросите лидеров обсудить этот вопрос. Обычно два или три образа Христа проявятся как любимые. Лидеры будут спорить, что эти два или три типа личности подходят лидеру лучше всего. Мы обнаружили, что ответы очень отличаются в западных и восточных культурах. После того, как группа выскажет свои мысли, поделитесь с ними таким пониманием.*

  «Многие люди с удивлением обнаруживают, что можно быть исключительным лидером с любым из восьми типов личности. Лидерство не зависит от типа личности. Я мог бы взять вас в восемь мегацерквей в Америке с посещением более 5 000 человек на каждой неделе. Большинство людей сказало бы, что эти церкви ведут выдающиеся лидеры. Если бы поговорили с этими пасторами,

вы обнаружили бы, что у каждого из них свой тип личности. Каждый из них ведет, имея примером различный аспект образа Христа. Хорошего лидера делает не тип личности. Хороший лидер – это человек, ведущий всю команду к совместному труду и успеху. Иисус – наивеличайший лидер всех времен. Следуйте за Ним, и вы тоже станете выдающимся лидером».

Стих для заучивания наизусть

–Послание к Римлянам 12:4,5–
Ибо, как в одном теле у нас много членов, но не у всех членов одно и то же дело, 5 так мы, многие, составляем одно тело во Христе, а порознь один для другого члены.

- Все встают и по памяти произносят стих для заучивания наизусть десять раз. Первые шесть раз они могут пользоваться Библиями или записями. Последние четыре раза они произносят его наизусть. Каждый раз произносите место Писания перед цитированием стиха и сядьте, когда закончите.
- Следование этому порядку поможет тренерам узнать, какие команды закончили урок в разделе «Практика».

Практика

- Разбейте лидеров на группы по четыре человека.
- Проведите лидеров шаг за шагом через процесс обучения, давая им по 7-8 минут, чтобы обсудить каждый из следующих разделов.

ПРОГРЕСС

«Поделитесь, какой из восьми типов людей вам нравится больше всего, и приведите примеры».

ПРОБЛЕМЫ

«Поделитесь, какой из восьми типов людей вам нравится меньше всего, и приведите примеры».

ПЛАНЫ

«Поделитесь простым планом, как вы будете определять различные типы личности в вашей группе в следующем месяце».

- Каждый должен записать планы своего партнера, чтобы можно было молиться о них впоследствии.

ПРАКТИКА

«Расскажите об одной задаче, которую вы выполните в течение последующих 30 дней, которая позволит вам возрасти как лидеру в этой области».

- Каждый должен записать планы своего партнера, чтобы можно было молиться о них впоследствии.
- Все встают и по памяти произносят стих для заучивания наизусть десять раз после того, как все поделились навыком, в котором они будут тренироваться.

МОЛИТВА

«Проведите некоторое время в молитве о планах друг друга и о навыке, который вы будете тренировать на протяжении последующих 30 дней, чтобы возрасти как лидер».

Окончание

Американский чизбургер

«Попросите лидеров представить, как будто вы находитесь в ресторане. Пусть лидеры разделятся на группы по 3-4 человека, и объясните, что их группы – это «столики», за которыми они едят. Скажите им, что вы официант и собираетесь принять у них заказ».

- Повесьте себе на руку полотенце, подойдите к первому столику и спросите, что они хотели бы заказать. Что бы они ни заказали, скажите: «Извините, у нас сейчас это закончилось, вместо этого я принесу вам американский чизбургер».
- После того, как вы пройдете несколько столов, большинство людей будут заказывать американский чизбургер, потому что они поймут, что это все, что у вас есть.

«Эта постановка иллюстрирует обычную ошибку лидеров. Лидеры ожидают, что все будут действовать одинаково и будут одинаковыми, но Бог сотворил каждого человека отличным.

Хорошие лидеры учатся, как работать с людьми с разными типами личности. Они учат людей, как сотрудничать и уважать различия».

- Попросите одного из лидеров помолиться молитвой благодарения за то, какими разными Бог сотворил людей.

5

Вместе сильнее

На последнем уроке лидеры обнаружили, какой у них тип личности. «Вместе сильнее» показывает лидерам, как их тип личности взаимодействует с другими типами. Почему у людей в мире восемь типов личности? Некоторые говорят, что в Ноевом ковчеге было восемь человек, а другие говорят, что Бог создал тип личности для каждого деления компаса – севера, северо-востока, востока и т.д. Мы можем с легкостью объяснить причину. В мире восемь различных типов личности потому, что Бог сотворил людей по Своему образу. Если вы хотите увидеть, как выглядит Бог, Библия говорит, что нам нужно посмотреть на Иисуса. Восемь базовых типов личности в мире отражают восемь образов Иисуса.

Иисус подобен Воину – главнокомандующему Божьей армии. Он подобен Искателю – ищет и спасает погибающих. Он подобен Пастуху – дает Его последователям еду, воду и прочее. Иисус подобен Сеятелю – сеет Божье Слово в наши жизни. Он – Сын: Бог назвал Его возлюбленным и повелел нам слушаться Его. Иисус – Спаситель, и Он призывает нас как святых представлять Его в мире. Он – Слуга: послушен Отцу, даже до смерти. Наконец, Иисус – Управитель: многие притчи посвящены управлению временем, деньгами и людьми.

Каждый лидер несет ответственность за то, чтобы помогать людям вместе работать. Между разными типами личности неизбежно возникает конфликт, потому что они смотрят на мир по-разному. Два наиболее обычных способа, как люди обращаются с конфликтом, – это либо избегают друг друга, либо друг с другом сражаются. Третий способ разобраться с конфликтом по водительству Святого Духа – это найти решения, которые уважают и поддерживают каждый тип личности. Занятие заканчивается конкурсом постановок, демонстрирующих эту истину шутливым образом. Диаграмма «Восемь образов Христа» помогает нам понять, как лучше любить других людей. Это труд всех последователей Христа.

Хвала

- Спойте вместе две песни поклонения. Попросите одного из лидеров помолиться об этом занятии.

Прогресс

- Попросите другого растущего лидера поделиться кратким свидетельством (три минуты) о том, как Бог благословляет его группу. После того, как этот лидер поделится свидетельством, попросите группу помолиться за него.

- Или, как вариант, смоделируйте с одним из лидеров время наставления, используя модель обучения лидерству «Прогресс, проблемы, план, практика, молитва».

Проблема

«Мы узнали о восьми разных типах личности на прошлом занятии. Это знание помогает нам понять, как происходят конфликты в группе. Ничто не останавливает миссию или служение быстрее конфликта. Люди обмениваются гневными словами и ранят чувства друг друга. Затем миссия или служение начинают двигаться, как в замедленной съемке».

План

«Иисус – наш Спаситель, и Он призывает Своих последователей быть святыми, представляющими Его миру. Мир узнает, что мы христиане по тому, как мы вместе разрешаем конфликт. План этого урока состоит в том, чтобы показать вам, почему происходит конфликт, и как нам обращаться с разногласиями, когда они приходят».

Повторение

Приветствие
- Кто созидает Церковь?
- Почему это так важно?
- Как Иисус созидает Его Церковь?

Будьте сильным в Боге ✋
Делитесь Евангелием ✋
Делайте учеников ✋
Начинайте группы и церкви ✋
Развивайте лидеров ✋

–1 Послание к Коринфянам 11:1–Будьте подражателями мне, как я Христу.

Обучайте, как Иисус

Как обучал лидеров Иисус?
- Прогресс ✋
- Проблемы ✋
- Планы ✋
- Практика ✋
- Молитва ✋

–Ев. от Луки 6:40–Ученик не бывает выше своего учителя; но, и усовершенствовавшись, будет всякий, как учитель его.

Ведите, как Иисус

Кто, по словам Иисуса, является величайшим лидером? ✋
Каковы семь качеств выдающегося лидера?
1. Выдающиеся лидеры любят людей ✋
2. Выдающиеся лидеры знают свою миссию ✋
3. Выдающиеся лидеры служат своим последователям ✋
4. Выдающиеся лидеры исправляют с добротой ✋
5. Выдающиеся лидеры знают текущие проблемы в группе ✋
6. Выдающиеся лидеры подают хороший пример ✋
7. Выдающиеся лидеры знают, что они благословлены ✋

–Ев. от Иоанна 13:14,15–Итак, если Я, Господь и Учитель, умыл ноги вам, то и вы должны умывать ноги друг другу. Ибо Я дал вам пример, чтобы и вы делали то же, что Я сделал вам.

Возрастайте в силе

Какой тип личности Бог дал вам?

- Воин ✋
- Искатель ✋
- Пастух ✋
- Сеятель ✋
- Сын\Дочь ✋
- Святой ✋
- Слуга ✋
- Управитель ✋

Какой тип личности нравится Богу больше всего?

Из какого типа личности получаются лучшие лидеры?

–Послание к Римлянам 12:4-5–Ибо, как в одном теле у нас много членов, но не у всех членов одно и то же дело, так мы, многие, составляем одно тело во Христе, а порознь один для другого члены.

Почему в мире существует восемь типов людей?

–Бытие 1:26–

И сказал Бог: сотворим человека по образу Нашему по подобию Нашему...

–Колоссянам 1:15–

Который есть образ Бога невидимого, рожденный прежде всякой твари.

«Человек сотворен по Божьему образу. Если вы хотите увидеть образ невидимого Бога, посмотрите на Иисуса. Даже в нашем падшем состоянии, мы отражаем то, кем является Иисус. В Библии есть семь образов Иисуса, помогающие нам понять, какой Иисус».

Иисус, какой Он?

ВОИН

>–Ев. от Матфея 26:53–
>… или думаешь, что Я не могу теперь умолить Отца Моего, и Он представит Мне более, нежели двенадцать легионов Ангелов?

>✋ Воин
>Поднимите меч.

ИСКАТЕЛЬ

>–Ев. от Луки 19:10–
>…ибо Сын Человеческий пришел взыскать и спасти погибшее.

>✋ Искатель
>Посмотрите назад, затем вперед, сделав руку козырьком.

ПАСТУХ

–Ев. от Иоанна 10:11–
Я есмь пастырь добрый: пастырь добрый полагает жизнь свою за овец.

🖑 Пастух
Сделайте руками собирательные движения.

СЕЯТЕЛЬ

–Ев. от Матфея 13:37–
Он же сказал им в ответ: сеющий доброе семя есть Сын Человеческий…

🖑 Сеятель
Разбрасывайте руками семена.

СЫН ИЛИ ДОЧЬ

–Ев. от Луки 9:35–
И был из облака глас, глаголющий: Сей есть Сын Мой Возлюбленный, Его слушайте.

🖑 Сын
Подносите руки ко рту, как будто вы едите.

СПАСИТЕЛЬ\СВЯТОЙ

–Ев. от Марка 8:31–
И начал учить их, что Сыну Человеческому много должно пострадать, быть отвержену

старейшинами, первосвященниками и книжниками, и быть убиту, и в третий день воскреснуть.

«Мы названы святыми, которые являют Его спасительный труд миру».

🖐 Спаситель\Святой
Сложите руки в классической позе «молящихся рук».

СЛУГА

–Ев. от Иоанна 13:14,15–
Итак, если Я, Господь и Учитель, умыл ноги вам, то и вы должны умывать ноги друг другу. Ибо Я дал вам пример, чтобы и вы делали то же, что Я сделал вам.

🖐 Слуга
Бейте молотком.

УПРАВИТЕЛЬ

–Ев. от Луки 6:38–
…давайте, и дастся вам: мерою доброю, утрясенною, нагнетенною и переполненною отсыплют вам в лоно ваше; ибо, какою мерою мерите, такою же отмерится и вам.

🖐 Управитель
Перекладывайте деньги из нагрудного кармана в кошелек.

Какие три варианта есть у нас при конфликте с другими людьми?

УБЕЖАТЬ (ПЛОТСКАЯ РЕАКЦИЯ)

«Разные типы личности имеют разные идеи и пути выполнения задания. Люди, диаметрально противоположные в соответствии с диаграммой, обычно сталкиваются с наибольшими проблемами при совместной работе. Они обычно понимают друг друга с трудом.

Например, Сеятель желает тратить деньги и время, чтобы видеть, как люди растут, а Управитель желает сберечь деньги и время, чтобы миссия могла продолжаться. Хорошие решения требуют обеих точек зрения. Акцент на одной за счет другой создает соперничество и плохие решения.

Большинству людей трудно справляться с конфликтом, и две стороны конфликта заканчивают разрывом коммуникации. Когда мы боимся продолжения конфликта и боли, мы находимся в отдалении от другого человека. Нашим девизом становится "Лучше держаться подальше".

В такой ситуации люди спорят, убегают и прячутся друг от друга».

✋ Держите кулаки вместе. Разведите их в стороны и спрячьте за спину.

СРАЖАТЬСЯ ДРУГ С ДРУГОМ (ПЛОТСКАЯ РЕАКЦИЯ).

«Иногда люди не избегают конфликта, но открыто враждебны к другому человеку. Мы чувствуем обиду или непонимание и хотим, чтобы другой человек «заплатил» за содеянное. Мы можем сражаться словами, отношениями и кулаками. Результатом всегда будет рост конфликта.

Например, Искатель желает новых переживаний и возможностей, тогда как Святой желает, чтобы группа утверждалась на прочном основании. Нам нужно и то, и другое в Теле Христовом. Может возникнуть проблема, когда две группы пробуют и «новое», и «старое».

Кажется, стили поклонения особенно подвержены этой проблеме. Группы формируются вокруг своего стиля и унижают другие группы с другим стилем. Против друг друга нацеливаются слова, отношения и действия, и страдает единство.

В такой ситуации мы спорим и сражаемся друг с другом».

✋ Возьмите кулаки и столкните их друг с другом.

С ПОМОЩЬЮ БОЖЬЕГО ДУХА НАЙТИ СПОСОБ РАБОТАТЬ ВМЕСТЕ (ДУХОВНАЯ РЕАКЦИЯ).

«Святой Дух направляет третью реакцию. Если мы признаем, что по плоти мы склонны к тому,

чтобы убегать или сражаться, когда доходит до конфликта, мы можем просить в молитве и полагаться на Дух Святой, чтобы Он помог нам найти способ работать вместе. Мы верим, что решения проблем, исходящие от всего Тела Христова, являются лучшими. Третья реакция требует коммуникации, доверия и, превыше всего, любви».

«Например, Воин желает, чтобы церковь была организована и исполняла Божью миссию. С другой стороны, Сын\Дочь желает, чтобы церковь была семьей, где люди получают исцеление. Воин концентрируется на задании, Сын\Дочь концентрируется на взаимоотношениях. Когда они объединяются в Духе, они обнаруживают способ, как исполнять миссию и помогают каждому чувствовать себя "частью команды". Мы трудимся, но мы также и отдыхаем.

В таком случае мы находим способ, как объединиться во Христе и трудиться вместе ради Его Царствия».

Держите кулаки вместе, затем разожмите их и переплетите пальцы, двигайте руками вверх и вниз, как будто они работают вместе.

Стих для запоминания наизусть

–Послание к Галатам 2:20–
…и уже не я живу, но живет во мне Христос. А что ныне живу во плоти, то живу верою в Сына Божия, возлюбившего меня и предавшего Себя за меня.

- Все встают и по памяти произносят стих для заучивания наизусть десять раз. Первые шесть раз они могут пользоваться Библиями или записями. Последние четыре раза они произносят его наизусть. Каждый раз произносите место Писания перед цитированием стиха и сядьте, когда закончите.
- Следование этому порядку поможет тренерам узнать, какие команды закончили урок в разделе «Практика».

Практика

Конкурс постановок

- Разбейте лидеров на группы от восьми человек в каждой. Скажите лидерам, что вы организуете конкурс постановок с призами для победителей. Первый приз получит команда, поставившая самую смешную и жизненную сценку.
- Каждой член группы выбирает образ Христа, который он будет изображать. Лидеры должны выбрать образ, который отличается от их собственного типа личности. Например, если у человека тип личности Воин, он должен выбрать какой-то другой образ Христа, чтобы изображать его в постановке.
- Они будут ставить сценку «Собрание группы, посвященное основанию новых церквей в соседней провинции». Участники постановки должны играть свою роль, изображая конфликт друг с другом (только по плоти). Никто не изображает Дух.
- У них будет 5 минут, чтобы представить свою сценку группе. Призовите их «форсировать» свою роль, чтобы люди знали, кого они играют в постановке.

- Дайте лидерам достаточно времени для репетиции своей постановки (минимум 20 минут).
- Начните конкурс. В конце представления каждой группы поочередно указывайте на актеров, чтобы лидеры отгадывали, какую роль играл каждый член труппы. Дайте первое место группе, которая была наиболее смешной и правдоподобной. Идеи для призов: евангельские брошюры, CD с поклонением, конфеты т.п.
- После того, как группы показали свои сценки, попросите каждую группу выбрать несколько «звезд» из своей группы. Попросите «сборную» из всех групп сформировать новую группу, и пусть они снова покажут постановку как вновь сформированная «сборная» труппа актеров.

Обычный вопрос

Какая разница между восемью образами Христа и духовными дарами?

Бог сотворил людей по Своему образу, и если кто-то хочет увидеть образ невидимого Бога, Библия говорит смотреть на Иисуса. Восемь образов показывают, как люди «слеплены», и это справедливо в отношении и верующих, и неверующих. Использование восьми образов в качестве каркаса решает проблему с тестами на тему духовных даров. Как может неверующий проходить тест о духовных дарах и обнаружить, что у него есть духовные дары, когда он вообще не верит в Бога?

Восемь образов Христа подобны «ведрам», куда духовные дары выливаются и откуда высвобождаются.

Пастух должен иметь духовный дар милосердия, или увещевания, или даяния, как Духу угодно. Мы обнаружили, что некоторые духовные дары чаще сосредотачиваются вокруг определенных образов Христа. Например, дар служения и образ Слуги часто идут рука об руку.

6

Делитесь Евангелием.

Как могут люди поверить, если они никогда не слышали Евангелие? К сожалению, последователи Иисуса не всегда делятся Евангелием, чтобы люди могли поверить. Одна из причин этого заключается в том, что они никогда не учились делиться Евангелием. Другая причина состоит в том, что они увязают в своей ежедневной рутине и забывают делиться. В уроке «Делитесь Евангелием» лидеры узнают, как сделать «евангельский браслет», чтобы делиться с друзьями и семьей. Браслет напоминает нам делиться с другими и являет хорошей отправной точкой для разговора. Цвета браслета напоминают нам, как делиться Евангелием с людьми, ищущими Бога.

Евангельский браслет показывает, как мы оставляем Божью семью. В начале был Бог – золотая бусина. Святой

Дух сотворил совершенный мир с небесами и морями (синяя бусина). Он сотворил человека и поместил его в прекрасном саду (зеленая бусина). Первые мужчина и женщина ослушались Бога и принесли грех и страдания в мир (черная бусина). Бог послал Своего единственного Сына в мир, и Он прожил совершенной жизнью (белая бусина). Иисус заплатил за наши грехи, умерев на кресте (красная бусина).

Евангельский браслет показывает нам, как мы можем вернуться в Божью семью, когда мы идем в обратном порядке. Бог сказал, что всякий, кто верит, что Иисус умер на кресте за него (красная бусина), и что Иисус является Божьим Сыном (белая бусина), получает прощение грехов (черная бусина). Бог принимает нас назад в Его семью, и мы становимся больше похожими на Иисуса (зеленая бусина). Бог дает нам Святой Дух (синяя бусина) и обещает, что мы будем с ним в небесах, когда мы умрем, где улицы сделаны из золота (золотая бусина).

Урок заканчивается демонстрацией того, что Иисус – единственный путь к Богу. Никто не является достаточно умным, достаточно хорошим, достаточно сильным или достаточно любящим, чтобы самому добраться до Бога. Иисус – единственный путь, по которому люди могут вернуться к Богу. Следование за Иисусом – единственная истина, которая освободит людей от их грехов. Только Иисус может даровать вечную жизнь благодаря Его смерти на кресте.

Хвала

- Спойте вместе две песни или гимна. Попросите какого-то лидера помолиться об этом занятии.

Прогресс

- Попросите другого растущего лидера поделиться кратким свидетельством (три минуты) о том, как Бог благословляет его группу. После того, как этот лидер поделится свидетельством, попросите группу помолиться за него.

Проблема

«Многие верующие испытывают проблемы с тем, чтобы делиться Евангелием. Они спрашивают: "С кем я должен делиться Евангелием?" и "Что я должен говорить?" Верующие часто становятся слишком занятыми, и им не удаётся узнать, когда Бог действует в жизни другого человека, чтобы привести его к вере».

План

«На этом уроке мы рассмотрим простой способ, как можно делиться Евангелием, потренируемся делиться им и изготовим "евангельский браслет", который поможет нам помнить, что нужно делиться Евангелием чаще».

Повторение

Приветствие
Кто созидает Церковь?
Почему это так важно?
Как Иисус созидает Его Церковь?

Будьте сильным в Боге 🖐
Делитесь Евангелием 🖐
Делайте учеников 🖐
Начинайте группы и церкви 🖐
Развивайте лидеров 🖐

–1 Послание к Коринфянам 11:1–Будьте подражателями мне, как я Христу.

Обучайте, как Иисус

Как обучал лидеров Иисус?
Прогресс 🖐
Проблемы 🖐
Планы 🖐
Практика 🖐
Молитва 🖐

–Ев. от Луки 6:40–Ученик не бывает выше своего учителя; но, и усовершенствовавшись, будет всякий, как учитель его.

Ведите, как Иисус

Кто, по словам Иисуса, является величайшим лидером? 🖐
Каковы семь качеств выдающегося лидера?
1. Выдающиеся лидеры любят людей 🖐
2. Выдающиеся лидеры знают свою миссию 🖐
3. Выдающиеся лидеры служат своим последователям 🖐
4. Выдающиеся лидеры исправляют с добротой 🖐
5. Выдающиеся лидеры знают текущие проблемы в группе 🖐
6. Выдающиеся лидеры подают хороший пример 🖐
7. Выдающиеся лидеры знают, что они благословлены 🖐

–Ев. от Иоанна 13:14,15–Итак, если Я, Господь и Учитель, умыл ноги вам, то и вы должны умывать ноги друг другу. Ибо Я дал вам пример, чтобы и вы делали то же, что Я сделал вам.

Возрастайте в силе

Какой тип личности Бог дал вам?

Воин ✋

Искатель ✋

Пастух ✋

Сеятель ✋

Сын\Дочь ✋

Святой ✋

Слуга ✋

Управитель ✋

Какой тип личности нравится Богу больше всего?

Из какого типа личности получаются лучшие лидеры?

–Послание к Римлянам 12:4-5–Ибо, как в одном теле у нас много членов, но не у всех членов одно и то же дело, так мы, многие, составляем одно тело во Христе, а порознь один для другого члены.

Сильнее вместе

Почему в мире существует восемь типов людей?

Иисус, какой Он?

Воин ✋

Искатель ✋

Пастух ✋

Сеятель ✋

Сын\Дочь ✋

Святой ✋

Слуга ✋

Управитель ✋

Какие три варианта есть у нас, когда возникает конфликт?
Убежать ✋
Сражаться друг с другом ✋
Найти путь Божьего Духа, чтобы работать вместе ✋

–Послание к Галатам 2:19,20–Я сораспялся Христу и уже не я живу, но живет во мне Христос.

Как я могу делиться простой Евангелием?

–Ев. от Луки 24:1-7–
В ПЕРВЫЙ ЖЕ ДЕНЬ НЕДЕЛИ, ОЧЕНЬ РАНО, НЕСЯ ПРИГОТОВЛЕННЫЕ АРОМАТЫ, ПРИШЛИ ОНИ КО ГРОБУ, И ВМЕСТЕ С НИМИ НЕКОТОРЫЕ ДРУГИЕ; НО НАШЛИ КАМЕНЬ ОТВАЛЕННЫМ ОТ ГРОБА. И, ВОЙДЯ, НЕ НАШЛИ ТЕЛА ГОСПОДА ИИСУСА. КОГДА ЖЕ НЕДОУМЕВАЛИ ОНИ О СЕМ, ВДРУГ ПРЕДСТАЛИ ПЕРЕД НИМИ ДВА МУЖА В ОДЕЖДАХ БЛИСТАЮЩИХ. И КОГДА ОНИ БЫЛИ В СТРАХЕ И НАКЛОНИЛИ ЛИЦА [СВОИ] К ЗЕМЛЕ, СКАЗАЛИ ИМ: ЧТО ВЫ ИЩЕТЕ ЖИВОГО МЕЖДУ МЕРТВЫМИ? ЕГО НЕТ ЗДЕСЬ: ОН ВОСКРЕС; ВСПОМНИТЕ, КАК ОН ГОВОРИЛ ВАМ, КОГДА БЫЛ ЕЩЕ В ГАЛИЛЕЕ, СКАЗЫВАЯ, ЧТО СЫНУ ЧЕЛОВЕЧЕСКОМУ НАДЛЕЖИТ БЫТЬ ПРЕДАНУ В РУКИ ЧЕЛОВЕКОВ ГРЕШНИКОВ, И БЫТЬ РАСПЯТУ, И В ТРЕТИЙ ДЕНЬ ВОСКРЕСНУТЬ.

- После того, как лидеры прочитали вслух это место Писания, раздайте каждому участнику следующий инвентарь:

    1. Золотую, синюю, зеленую, черную, белую и красную бусины.
    2. Кожаный или простой шнур длиной 30 см.

- Объясните, как сделать «евангельский браслет». Начните, завязав узел посередине шнура, чтобы бусины держались на месте. Нанизывайте каждую бусину на браслет, одновременно объясняя ее значение.

ЗОЛОТАЯ БУСИНА

«В начале был один Бог».

СИНЯЯ БУСИНА

«Затем, Божий Дух сотворил все в мире, включая моря и небеса».

ЗЕЛЕНАЯ БУСИНА

«Бог сотворил прекрасный сад, сотворил человека и поместил Его в Божью семью».

ЧЕРНАЯ БУСИНА

«К сожалению, человек ослушался Бога и принес в мир грех и страдания. Из-за своего бунта человеку пришлось оставить сад и Божью семью».

БЕЛАЯ БУСИНА

«Бог все равно любил человека очень сильно, поэтому Он послал Иисуса, Его Сына, в мир. Иисус прожил совершенную жизнь и повиновался Богу во всем».

КРАСНАЯ БУСИНА

«Иисус умер на кресте за наши грехи и был похоронен в гробнице».

- В этот момент лидеры не добавляют бусины к евангельскому браслету, но завязывают узел, чтобы бусины оставались на месте. Начните следующую секцию, указывая на красную бусину и возвращаясь назад, пока вы не закончите золотой бусиной».

КРАСНАЯ БУСИНА

«Бог увидел жертву Иисуса за наши грехи и принял ее. Он воскресил Иисуса из могилы через три дня, чтобы показать миру, что Иисус – единственный путь назад к Богу».

БЕЛАЯ БУСИНА

«Те, кто верит в то, что Иисус – Божий Сын, и что Он заплатил цену за наши грехи...»

ЧЕРНАЯ БУСИНА

«...и покаялся в своем грехе и просит Иисуса помочь ему...»

ЗЕЛЕНАЯ БУСИНА

«...Бог прощает их и принимает их обратно в Свою семью так же, как они находились в ней в первом саду».

СИНЯЯ БУСИНА

«Бог помещает в них Его Дух и создает нового человека, так же как Он создал весь мир в начале.

ЗОЛОТАЯ БУСИНА

«Наконец, все, кто верит в Иисуса, в будущем проведут вечность с Богом. Они будут жить с другими верующими в городе, сделанном из чистого золота.

Мне нравится этот браслет, потому что он напоминает мне, где я был, и куда я направляюсь. Евангельский браслет также напоминает мне о том, как Бог простил мои грехи и изменил мою жизнь.

Вы готовы вернуться в Божью семью? Давайте помолимся вместе и скажите Богу, что вы верите, что *Он сотворил совершенный мир и послал Его Сына умереть за ваши грехи. Покайтесь в своих грехах, попросите прощения, и Бог примет вас в Его семью снова».*

- Уделите время, чтобы убедиться, что все лидеры на обучении являются верующими. После объяснения евангельского браслета, спросите, готов ли кто-то вернуться в Божью семью.

Почему нам нужна помощь Иисуса?

1. Никто не является достаточно умным, чтобы вернуться к Богу.

   –Исайи 55:9–
   Но как небо выше земли, так пути Мои выше путей ваших, и мысли Мои выше мыслей ваших.

«Некоторые люди думают, что есть много путей к Богу. Они разрабатывают сложные теории, объясняющие, почему Иисус не мог быть единственным путем назад к Богу. Однако, Божьи мысли делают человеческие мысли мелкими. Когда Бог говорит, что только Иисус – путь, истина и жизнь, кому вы будете верить?»

🖐 Никто не является достаточно умным
Поместите указательные пальцы обеих рук на виски и отрицательно покачайте вашей головой.

2. Никто не дает достаточно, чтобы вернуться к Богу.

–Исайи 64:6–
Все мы сделались - как нечистый, и вся праведность наша - как запачканная одежда; и все мы поблекли, как лист, и беззакония наши, как ветер, уносят нас.

«Некоторые люди верят, что мы можем получить вечную жизнь, когда даем деньги бедным. Они думают, что Бог увидит их добрые дела и пустит их на небеса. Однако, наши лучшие дела – как грязное тряпье в сравнении с тем, что совершил Бог. Он отдал Своего единственного Сына за нас, когда Иисус умер на кресте за наши грехи. Бог принимает только это хорошее дело с целью нашего спасения».

✋ Никто не дает достаточно
Сделайте вид, как будто вы вынимаете много денег из нагрудного кармана или кошелька и отрицательно покачайте головой.

3. Никто не является достаточно сильным, чтобы вернуться к Богу.

–Послание к Римлянам 7:18–
Ибо знаю, что не живет во мне, то есть в плоти моей, доброе; потому что желание добра есть во мне, но чтобы сделать оное, того не нахожу.

«Другие люди верят, что путь к Богу лежит через самоотречение. Они практикуют медитацию, пост и отвергают мир. Они верят, что человеку дается

спасение через его контроль над своими желаниями. Человек должен полагаться только на свои силы. У тонущего человека нет силы спасти себя. Он должен принять помощь. Иисус – единственный человек, которому хватило силы прожить совершенную жизнь. Мы возвращаемся к Богу, полагаясь на силу Иисуса, а не на наши собственные усилия».

> Никто не является достаточно сильным.
> Поднимите руки в «позу силача» и отрицательно покачайте головой.

4. Никто на является достаточно хорошим, чтобы вернуться к Богу.

–Послание к Римлянам 3:23–
...потому что все согрешили и лишены славы Божией...

«Последняя группа людей верит, что они могут вернуться к Богу сами, потому что их хорошие дела перевешивают их плохие дела. Они уверены, что они совершили больше хороших дел и заработали благоволение у Бога. Они оправдывают себя, говоря: "Я никогда не делал ничего такого плохого, как тот человек". Однако, Бог будет судить всех нас, сравнивая с совершенной жизнью Его Сына Иисуса. По сравнению с Иисусом, нам всем чего-то не достает. Только жертва Иисуса была достаточно хорошей для Бога, чтобы принять ее. Только Иисус было достаточно совершенным, чтобы вернуть нас обратно в Божью семью. Мы должны доверять Его благости, а не своей собственной».

✋ Никто не является достаточно хорошим
Протяните руки, как будто балансируя чаши весов, подвигайте их вверх и вниз и отрицательно покачайте головой.

Стих для запоминания наизусть

–Ев. от Иоанна 14:6–
Иисус сказал ему: Я есмь путь и истина и жизнь; никто не приходит к Отцу, как только через Меня.

- Все встают и по памяти произносят стих для заучивания наизусть десять раз. Первые шесть раз они могут пользоваться Библиями или записями. Последние четыре раза они произносят его наизусть. Каждый раз произносите место Писания перед цитированием стиха и сядьте, когда закончите.
- Следование этому порядку поможет тренерам узнать, какие команды закончили урок в разделе «Практика».

Практика

- Разбейте лидеров на группы по четыре человека.

«Теперь мы будем использовать тот же процесс обучения, который использовал Иисус, чтобы попрактиковать то, чему мы научились в этом уроке лидерства».

- Проведите лидеров шаг за шагом через процесс обучения, давая им по 7-8 минут, чтобы обсудить каждый из следующих разделов.

ПРОГРЕСС

«Поделитесь со своей группой кратким свидетельством о том, кто недавно стал последователем Иисуса».

ПРОБЛЕМЫ

«Поделитесь с вашей группой, почему вам трудно делиться Евангелием».

ПЛАНЫ

«Назовите имена пяти человек, с которыми вы поделитесь Евангелием на протяжении последующих 30 дней».

- Каждый должен записать планы своего партнера, чтобы можно было молиться о них впоследствии.

ПРАКТИКА

- Используя «евангельский браслет» в качестве руководства, каждый лидер должен по очереди поделиться Евангелием со своей малой группой.
- Все члены группы встают и произнесут вместе стих для заучивания наизусть десять раз.

Молитва

«*В своей малой группе уделите время молитве за список с именами тех, кому необходимо вернуться в Божью семью*».

Заключение

Сила обучения тренеров

Нарисуйте следующую таблицу на доске или ватмане до начала занятия. Изучите статистику до занятия, но позвольте лидерам дать назвать свои цифры. Эти высказывания должны родить активную дискуссию о правильных цифрах и сделать их более «реалистичными» для участников.

Население всего		Основание новой церкви	
Неверующих всего		Средний размер церкви	
Верующих всего		Церквей всего	
Цель достичь 2%		Церквей цель	

«*Я хотел бы показать вам, почему так важны деревья обучения. Давайте вместе заполним эту таблицу*».

(Статистика, приведенная для определенной этнической группы, в этой иллюстрации дана только для примера. Если все лидеры происходят из одной и той же группы населения, используйте статистику их группы. Если они происходят из нескольких антропологических групп, используйте числа для провинции, штата или страны).

Население всего	2,000,000	Основание новой церкви	10
Неверующих всего	1,995,000	Средний размер церкви	50
Верующих всего	5,000	Церквей всего	100
Цель достичь 2%	40,000	Церквей цель	800

«Наша антропологическая группа насчитывает 2 000 000 человек. Мы примерно посчитали, что среди них есть 5 000 верующих, что означает, что 1 995 000 людей не следуют за Иисусом. Цель состоит в том, чтобы достичь, по крайней мере, 2% населения для Иисуса, что означает 40 000 человек. Нам нужно пройти долгий путь!

В среднем, существующая церковь начинает новую церковь каждые 10 лет. Средний размер церкви по всему миру – 50 человек, поэтому мы примерно считаем, что в нашей антропологической группе насчитывается около 100 церквей (5 000/50). Наша цель состоит в том, чтобы достичь 40 000 человек, поэтому нам нужно начать еще 700 церквей. Эти цифры приблизительные, но помогают сформировать картину происходящего в нашей антропологической группе.

Средней традиционной церкви требуется десять лет, чтобы начать еще одну церковь, поэтому через десять лет мы удвоим количество церквей. Наша цель заключается в том, чтобы общее количество церквей равнялось 800 (40 000/50). Некоторые церкви будут гораздо больше, чем 50 прихожан, но многие церкви будут меньше, поэтому это неплохие приблизительные цифры. Теперь давайте сравним два различных способа достижения нашей цели».

Основание традиционных церквей	Годы	Обучение лидеров	Годы
100		5,000	
200	10	10,000	1
400	20	20,000	2
800	30	40,000	3

«Как вы видите, если мы сконцентрируемся на подготовке лидеров для начала групп, мы можем достичь нашей цели через три года. Сейчас у нас 5 000 верующих. Если каждый поделится Евангелием, приведет человека к Христу, обучит его как лидера группы и научит его, как делать то же самое, мы будем удваиваться каждый год, и через три года у нас будет 40 000 верующих.

Если мы будем полагаться только на основание церквей традиционным способом, мы достигнем нашей цели за 30 лет. Сейчас у нас 100 церквей, и если они будут удваиваться каждые 10 лет, у нас будет 800 церквей за 30 лет.

Существует большая разница между тремя и тридцатью годами!

Обычная проблема в церквах заключается в том, что они не используют процесс обучения людей, чтобы они становились лидерами. В результате, есть немного лидеров, которые помогут начать новые церкви или новые группы. Когда мы обучаем подобно Иисусу, это решает эту проблему простым, но эффективным образом.

Мой план Иисуса

- Попросите лидеров обратиться к их пособию для участников, где они увидят страницу «План Иисуса». Объясните, что лидеры поделятся своим «Планом Иисуса» с группой в конце семинара. После этого лидеры будут молиться о Божьем благословении на их семью, служение и план.

«Вы увидите место на стрелке для демографических данных для вашей целевой группы. Уделите минуту, чтобы помолиться и заполнить пропуски наилучшим образом. Вы всегда можете изменить эти данные позже, если получите более точную информацию».

7

Делайте учеников

У хорошего лидера всегда есть хороший план. Иисус дал ученикам простой, но эффективный план для их служения в Ев. от Луки, главе 10: подготовьте свое сердце, найдите человека мира, поделитесь Благой вестью и оцените результаты. Иисус дал нам хороший план действий.

Начинаем ли мы служение в церкви, новую церковь или ячеечную группу, шаги в рамках Плана Иисуса помогут нам избежать ненужных ошибок. Этот урок учит лидеров, как наставлять друг друга в их личном Плане Иисуса. Они также начнут готовить презентации своего Плана Иисуса для группы.

Хвала

- Спойте вместе две песни или гимна. Попросите какого-то лидера помолиться об этом занятии.

Прогресс

- Попросите другого растущего лидера поделиться кратким свидетельством (три минуты) о том, как Бог благословляет его группу. После того, как этот лидер поделится свидетельством, попросите группу помолиться за него.
- Или, как вариант, смоделируйте с одним из лидеров время наставления, используя модель обучения лидерству «Прогресс, проблемы, план, практика, молитва».

Проблема

«Когда мы терпим неудачу в планировании, мы планируем неудачу. Разработка простого стратегического плана может быть трудной задачей. Многие лидеры проводят большую часть своего времени, реагируя на проблемы вместо того, чтобы двигаться по открытому пути к будущему».

План

«Иисус пришел взыскать и спасти погибшее, и когда мы следуем за Ним, мы будем делать то же. Он дал ученикам понятный план, который мы тоже можем применить к нашей миссии».

Повторение

Приветствие
    Кто созидает Церковь?
    Почему это так важно?
    Как Иисус созидает Его Церковь?
        Будьте сильным в Боге ✋
        Делитесь Евангелием ✋
        Делайте учеников ✋
        Начинайте группы и церкви ✋
        Развивайте лидеров ✋

> *–1 Послание к Коринфянам 11:1–Будьте подражателями мне, как я Христу.*

Обучайте, как Иисус
    Как обучал лидеров Иисус?
        Прогресс ✋
        Проблемы ✋
        Планы ✋
        Практика ✋
        Молитва ✋

> *–Ев. от Луки 6:40–Ученик не бывает выше своего учителя; но, и усовершенствовавшись, будет всякий, как учитель его.*

Ведите, как Иисус
    Кто, по словам Иисуса, является величайшим лидером? ✋
    Каковы семь качеств выдающегося лидера?
      1. Выдающиеся лидеры любят людей ✋
      2. Выдающиеся лидеры знают свою миссию ✋
      3. Выдающиеся лидеры служат своим последователям ✋
      4. Выдающиеся лидеры исправляют с добротой ✋

5. Выдающиеся лидеры знают текущие проблемы в группе
6. Выдающиеся лидеры подают хороший пример
7. Выдающиеся лидеры знают, что они благословлены

> –Ев. от Иоанна 13:14,15–Итак, если Я, Господь и Учитель, умыл ноги вам, то и вы должны умывать ноги друг другу. Ибо Я дал вам пример, чтобы и вы делали то же, что Я сделал вам.

Возрастайте в силе

Какой тип личности Бог дал вам?

Воин
Искатель
Пастух
Сеятель
Сын\Дочь
Святой
Слуга
Управитель

Какой тип личности нравится Богу больше всего?
Из какого типа личности получаются лучшие лидеры?

> –Послание к Римлянам 12:4-5–Ибо, как в одном теле у нас много членов, но не у всех членов одно и то же дело, так мы, многие, составляем одно тело во Христе, а порознь один для другого члены.

Сильнее вместе

Почему в мире существует восемь типов людей?
Иисус, какой Он?

Воин
Искатель
Пастух

Сеятель ✋

Сын\Дочь ✋

Святой ✋

Слуга ✋

Управитель ✋

Какие три варианта есть у нас, когда возникает конфликт?

Убежать ✋

Сражаться друг с другом ✋

Найти путь Божьего Духа, чтобы работать вместе ✋

—Послание к Галатам 2:19,20—Я сораспялся Христу и уже не я живу, но живет во мне Христос.

Делитесь Евангелием

Как я могу делиться простым Евангелием?

Золотая бусина

Синяя бусина

Зеленая бусина

Черная бусина

Белая бусина

Красная бусина

Почему мы нуждаемся в помощи от Иисуса?

Никто не является достаточно умным, чтобы вернуться к Богу. ✋

Никто не дает достаточно, чтобы вернуться к Богу. ✋

Никто не является достаточно сильным, чтобы вернуться к Богу. ✋

Никто не является достаточно хорошим, чтобы вернуться к Богу. ✋

—Ев. от Иоанна 14:6—Иисус сказал ему: Я есмь путь и истина и жизнь; никто не приходит к Отцу, как только через Меня.

Какой первый шаг в Плане Иисуса?

–Ев. от Луки 10:1-4–
¹После сего избрал Господь и других семьдесят [учеников], и послал их по два пред лицем Своим во всякий город и место, куда Сам хотел идти,
²и сказал им: жатвы много, а делателей мало; итак, молите Господина жатвы, чтобы выслал делателей на жатву Свою.
³Идите! Я посылаю вас, как агнцев среди волков.
⁴Не берите ни мешка, ни сумы, ни обуви, и никого на дороге не приветствуйте.

1. Подготовьте свои сердца (1-4)

Идите парами (1)

«В стихе 1 Иисус говорит идти парами: в большинстве культур это означает двух мужчин или двух женщин. Без партнера вы находитесь в одиночестве. 1x1x1=1. Однако, 2x2x2=8. Потенциал умножения с партнером увеличивается.

Трудные времена приносят людям разочарование, особенно если они трудятся в одиночку. По всей Библии духовные лидеры работали с партнерами, и Иисус подтвердил эту практику в Его плане».

- Обучайте этому принципу с помощью следующей постановки:

⌇ Обопрись на меня ⌇

«Что произошло бы, если бы вы пошли куда-то служить в одиночку, и с вами произошел несчастный случай?»

- Обойдите помещение, как будто вы идете в место вашего служения. Скажите всем, что вы попали в аварию и сломали ногу. Хромайте по помещению, пытаясь служить людям. Затем объявите, что в вас попала молния. Продолжайте пытаться служить, но теперь с повернутой шеей.

«Что изменилось бы, если бы со мной был партнер?»

- Повторите тот же сценарий, но на этот раз с партнером. Ваш партнер помогает перебинтовать вас и заботится о вас после аварии. Ваш партнер предостерегает вас не оставаться под дождем с металлическим прутом в руке.

«Иисус поступил мудро, сказав идти парами. Он знает, что возникнут проблемы, и нам будет нужен кто-то, чтобы помочь нам тогда».

🖐 Используйте указательный и средний палец на обеих руках, чтобы «идти» вместе.

«Запишите в первой колонке вашего Плана Иисуса имя человека, который, как вы надеетесь, будет вашим партнером».

ИДИТЕ ТУДА, ГДЕ РАБОТАЕТ ИИСУС (1)

«Так как мы следуем за Иисусом, мы ничего не делаем от себя, но смотрим, где работает Иисус, и присоединяемся к нему. Увидеть, куда Иисус хочет, чтобы мы пошли, не всегда легко. Однако, хорошая новость заключается в том, что Он любит нас и покажет нам, куда идти».

- Повторите движения руки из урока «Идите» семинара по ученичеству.

«Я ничего не делают от себя».

🖐 Положите руку на сердце и отрицательно покачайте головой.

«Я стремлюсь увидеть, где работает Бог».

🖐 Сделайте руку козырьком над глазами и высматривайте справа и слева».

«Я присоединюсь к Нему там, где Он работает».

🖐 Укажите рукой на место впереди вас и утвердительно покачайте головой.

«И я знаю, что Он любит меня и покажет мне, где это».

🖐 Поднимите руки вверх в хвале и затем сложите их на сердце.

«Запишите в первой колонке своего Плана Иисуса, где Бог работает, и куда Он призывает вас идти».

МОЛИТЕСЬ О ЛИДЕРАХ ДЛЯ ЖАТВЫ (2)

«В стихе 2 Иисус заповедует нам молиться о труде до того, как мы пойдем. Иисус горячо молился до осуществления Его плана. Нам также нужно проводить много времени в молитве до того, как мы начнем осуществлять свой план».

Когда мы молимся, мы славим Бога за людей в нашей команде, за то, как Он работает, и за людей, которых мы будем достигать».

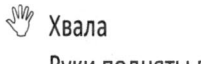 Хвала
Руки подняты в поклонении.

«Мы раскаиваемся в грехе в нашей жизни. Мы раскаиваемся за любые грехи людей, которые следуют за нами. Мы также раскаиваемся за любой грех в группе, которую мы достигаем (суеверие, идолопоклонство или использование амулетов, например)».

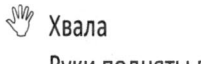 Покаяние
Руки протянуты ладонями вперед и закрывают лицо, голова повернута в сторону.

«Затем мы просим Бога дать нам местных лидеров в месте, куда мы идем. Мы просим Бога сделать нас лидерами, которые следуют за Иисусом, чтобы, когда другие последуют за нами, они следовали за Иисусом».

 Просите
Руки сложены в форме чаши, чтобы принимать.

«Наконец, мы отдаем себя тому, что Бог желает, чтобы мы сделали».

🖐 **Отдавайте себя**
Руки сложены в молитвенном положении и помещены ко лбу в жесте уважения.

«Напишите в первой колонке вашего Плана Иисуса имена потенциальных лидеров, о которых вы молитесь в месте, куда вы идете».

ИДИТЕ В СМИРЕНИИ (3)

«В стихе 3 Иисус сказал, что Он посылает нас как овец среди волков, поэтому мы должны идти в смирении. Люди будут слушать послание, которое исходит из смиренного сердца. Они не будут слушать, если будут считать нас гордыми или надменными».

- Учите этому принципу посредством следующей постановки

✧ Великий лидер ✧

«Что, по вашему мнению, подумают люди в деревне, если я приеду в их деревню таким образом...?»

- Расхаживайте с выпяченной грудью, говоря: «Я – Великий Лидер, вы должны меня слушать!» Дайте всем понять, что вы считаете себя наивеличайшим и лучшим.

«Иисус поступает мудро, говоря нам идти со смирением. Люди наиболее восприимчивы, когда посланник ходит в смирении и имеет желание в сердце помогать другим. Никому не нравится человек, ведущий себя, как босс».

🖐 Идите в смирении
   Сложите руки в «молитвенную позицию» и поклонитесь.

«Напишите в первой колонке своего Плана Иисуса ответ на следующий вопрос: что для вас означает "идти в смирении"?»

ПОЛАГАЙТЕСЬ НА БОГА, А НЕ НА ДЕНЬГИ (4)

«Иисус дает нам в Плане Иисуса четкие принципы, которым мы должны следовать, когда начинаем служение или миссию. На протяжении всей истории христианства лидеры совершили множество ошибок в служении потому, что они игнорировали какой-то из этих принципов. Иисус говорит нам, что наше служение или миссия должны зависеть от Бога, а не от денег. Мы можем служить Богу или деньгам, но не им двоим одновременно. Нам необходимо убедиться, что во всем, что мы делаем, мы полагаемся на Бога, а не на деньги».

- Обучайте этому принципу посредством следующей постановки:

~ Деньги, как мед ~

«Что, по вашему мнению, подумали люди в деревне, если бы вы пришли в деревню таким образом…?»

- Принесите с собой сумку и притворитесь, как будто вы вошли в деревню. Подойдите к одному из лидеров и скажите: «Мы начинаем в деревне новую церковь. У нас куча денег. Приходите, и посмотрим, что мы можем сделать для вас!» Повторите те же слова нескольким лидерам в вашей группе.

«Иисус поступает мудро, когда говорит, что не нужно уповать на деньги. При служении люди должны приходить к Иисусу потому, что Он Божий Сын и Спаситель мира, а не из-за обещаний денег и помощи. Деньги подобны меду и навлекают проблемы, если мы полагаемся на них, а не на Бога».

> Полагайтесь на Бога, а не на деньги
> Сделайте вид, что достаете деньги из нагрудного кармана и отрицательно покачайте головой, затем укажите на небеса и покачайте головой положительно.

«Напишите в первой колонке вашего Плана Иисуса, сколько потребуется финансов на первый год функционирования вашего нового служения или миссии».

ИДИТЕ ПРЯМО ТУДА, КУДА ОН ПРИЗЫВАЕТ (4)

«Иисус заповедает нам в стихе 4 не приветствовать никого по пути. Он не заповедует нам быть грубыми, но оставаться сфокусированными на миссии, которую Он дал нам. Большинство из нас с легкостью сворачивают с пути, занимаясь хорошими заданиями вместо выполнения лучших заданий».

- Обучайте этому принципу посредством следующей постановки:

Хорошие отвлечения

«Что, по вашему мнению, подумают люди в деревне, если бы вы пришли в деревню таким образом...?»

- Скажите всем, что этот принцип продемонстрирует ученик. Укажите на группу на другом конце помещения и скажите:

«Группа людей попросила моего друга прийти помочь им. Посмотрите, что происходит».

- Ученик описывает лидерам, что он делает, когда действует. Ученик отправляется к группе людей, нуждающихся в помощи, но вспоминает, что он должен сказать «до свидания» своим друзьям. Он садится со своими друзьями и некоторое время разговаривает с ними. После нескольких минут он «вспоминает», что ему нужно идти на миссию. Он встает, чтобы идти, но вспоминает, что он должен своей сестре деньги, поэтому идет к ней в дом. Она кормит его ужином и упрашивает остаться на ночь. В третий раз он отправляется, но находит еще одно оправдание в рамках данной культуры. Наконец, он добирается до области служения, но теперь никто в деревне не хочет слушать его.

«Иисус поступает мудро, когда говорит нам идти прямо на место служения, к которому Он призвал нас. Заботы этого мира могут с легкостью отвлекать нас и заставлять промахиваться мимо того, что Бог делает на месте служения».

🖐 Сложите вместе ладони и пальцы обеих рук, чтобы указать направление.

«Напишите в первой колонке вашего Плана Иисуса список возможных отвлечений, с которыми вы можете столкнуться».

Стих для заучивания наизусть

–Ев. от Луки 10:2–
…И СКАЗАЛ ИМ: ЖАТВЫ МНОГО, А ДЕЛАТЕЛЕЙ МАЛО; ИТАК, МОЛИТЕ ГОСПОДИНА ЖАТВЫ, ЧТОБЫ ВЫСЛАЛ ДЕЛАТЕЛЕЙ НА ЖАТВУ СВОЮ.

- Все встают и по памяти произносят стих для заучивания наизусть десять раз. Первые шесть раз они могут пользоваться Библиями или записями. Последние четыре раза они произносят его наизусть. Каждый раз произносите место Писания перед цитированием стиха и сядьте, когда закончите.
- Следование этому порядку поможет тренерам узнать, какие команды закончили урок в разделе «Практика».

Практика

- Разбейте лидеров на группы по четыре человека. Попросите их использовать процесс обучения этого урока о лидерстве и ответить на вопросы ниже.
- Проведите лидеров шаг за шагом через процесс обучения, давая им по 7-8 минут, чтобы обсудить каждый из следующих разделов.

ПРОГРЕСС

«Какой части этого шага вашей группе легче всего повиноваться?»

ПРОБЛЕМЫ

«Какой части этого шага вашей группе труднее всего повиноваться?»

ПЛАНЫ

«Расскажите об одном задании, которое вы начнете выполнять в вашей группе в течение последующих 30 дней, чтобы повиноваться этому шагу Плана Иисуса?».

- Каждый должен записать планы своего партнера, чтобы можно было молиться о них впоследствии.

ПРАКТИКА

«Какое задание вы улучшите в вашей группе в течение последующих 30 дней, чтобы повиноваться этому шагу Плана Иисуса?»

- Каждый должен записать практику своего партнера, чтобы можно было молиться о нем впоследствии.
- После того, как все рассказали, какой навык они будут тренировать, члены группы встают, чтобы произнести вместе стих для заучивания наизусть десять раз.

МОЛИТВА

- Уделите время молитве за планы друг друга.

Окончание

Мой План Иисуса

- Попросите лидеров по очереди обратиться в конце их указателя участника к странице с «Планом Иисуса».

«Используя ваши заметки, сделанные на этом занятии, заполните первую колонку вашего Плана Иисуса: как вы будете выполнять свою работу. Запишите детали того, как вы будете следовать за принципами Иисуса для служения в Ев. от Луки 10».

My Jesus Plan

How we will go	What we will do	Where we will go	Who will go

Now
Population –
Believers –
Churches –

Vision
Population –
Believers –
Churches –

8

Начинайте группы

Лидеры готовят свои сердца в шаге 1 Плана Иисуса. Урок «Начинайте группы» охватывает шаги 2, 3 и 4. Мы могли бы избежать многих ошибок в служении и миссии, просто следуя принципам плана Иисуса в Ев. от Луки, главе 10. Лидеры применяют эти принципы в конце сессии, когда они заполняют свой личный «План Иисуса».

Шаг 2 касается развития взаимоотношений. Мы присоединяемся к Богу там, где Он работает, и находим влиятельных людей, откликающихся на Евангелие. Мы едим и пьем то, что они дают нам, чтобы продемонстрировать принятие. Мы не переходим от одной дружбы к другой, потому что это дискредитирует послание примирения, которое мы проповедуем.

Мы делимся Благой вестью на шаге 3. Иисус – пастырь, и Он желает защищать и обеспечивать людей. На этом шаге тренеры ободряют лидеров найти способы принесения исцеления во время их служения. Людям все равно, что вы знаете, до тех пор, пока они не познают, что вы заботитесь о них. Исцеление больных открывает двери для того, чтобы делиться Евангелием.

Мы оцениваем результаты и вносим коррективы на шаге 4. Насколько люди восприимчивы? Присутствует ли искренний интерес к духовным вопросам, или другая причина, такая как деньги, вызывает их любопытство? Если люди откликаются, мы остаемся и продолжаем миссию. Если люди не откликаются, Иисус повелел нам оставить это место и начать где-то в другом месте.

Хвала

- Спойте вместе две песни или гимна. Попросите какого-то лидера помолиться об этом занятии.

Прогресс

- Попросите другого растущего лидера поделиться кратким свидетельством (три минуты) о том, как Бог благословляет его группу. После того, как этот лидер поделится свидетельством, попросите группу помолиться за него.
- Или, как вариант, смоделируйте с одним из лидеров время наставления, используя модель обучения лидерству «Прогресс, проблемы, план, практика, молитва».

Проблема

«Часто у верующих хорошее сердце, и они горячо желают достигать свое общество. Однако, у них

отсутствует простой план действий, который соответствовал бы их целям. Многие начинают группы путем проб и ошибок, но этот метод растрачивает время и энергию. Иисус дал ученикам четкие инструкции о том, как начинать группы. Когда мы следуем Его плану, мы присоединяемся к Нему так, где Он работает, и избегаем ненужных ошибок».

План

«Цель этого урока – показать вам хороший способ начать группу учеников, следуя указаниям Иисуса. Мы начинаем с того, что находим человека мира и восполняем его физические и духовные нужды. Иисус также повелел нам оценивать нашу работу в конце Его плана».

Повторение

Приветствие
Кто созидает Церковь?
Почему это так важно?
Как Иисус созидает Его Церковь?
   Будьте сильным в Боге 🖐
   Делитесь Евангелием 🖐
   Делайте учеников 🖐
   Начинайте группы и церкви 🖐
   Развивайте лидеров 🖐

–1 Послание к Коринфянам 11:1–Будьте подражателями мне, как я Христу.

Обучайте, как Иисус

Как обучал лидеров Иисус?
- Прогресс 🖐
- Проблемы 🖐
- Планы 🖐
- Практика 🖐
- Молитва 🖐

–Ев. от Луки 6:40–Ученик не бывает выше своего учителя; но, и усовершенствовавшись, будет всякий, как учитель его.

Ведите, как Иисус

Кто, по словам Иисуса, является величайшим лидером? 🖐
Каковы семь качеств выдающегося лидера?
1. Выдающиеся лидеры любят людей 🖐
2. Выдающиеся лидеры знают свою миссию 🖐
3. Выдающиеся лидеры служат своим последователям 🖐
4. Выдающиеся лидеры исправляют с добротой 🖐
5. Выдающиеся лидеры знают текущие проблемы в группе 🖐
6. Выдающиеся лидеры подают хороший пример 🖐
7. Выдающиеся лидеры знают, что они благословлены 🖐

–Ев. от Иоанна 13:14,15–Итак, если Я, Господь и Учитель, умыл ноги вам, то и вы должны умывать ноги друг другу. Ибо Я дал вам пример, чтобы и вы делали то же, что Я сделал вам.

Возрастайте в силе

Какой тип личности Бог дал вам?
- Воин 🖐
- Искатель 🖐
- Пастух 🖐

Сеятель ✋

Сын\Дочь ✋

Святой ✋

Слуга ✋

Управитель ✋

Какой тип личности нравится Богу больше всего?

Из какого типа личности получаются лучшие лидеры?

> –Послание к Римлянам 12:4-5–Ибо, как в одном теле у нас много членов, но не у всех членов одно и то же дело, так мы, многие, составляем одно тело во Христе, а порознь один для другого члены.

Сильнее вместе

Почему в мире существует восемь типов людей?

Иисус, какой Он?

Воин ✋

Искатель ✋

Пастух ✋

Сеятель ✋

Сын\Дочь ✋

Святой ✋

Слуга ✋

Управитель ✋

Какие три варианта есть у нас, когда возникает конфликт?

Убежать ✋

Сражаться друг с другом ✋

Найти путь Божьего Духа, чтобы работать вместе ✋

> –Послание к Галатам 2:19,20–Я сораспялся Христу и уже не я живу, но живет во мне Христос.

Делитесь Евангелием

Как я могу делиться простым Евангелием?

Золотая бусина

Синяя бусина

Зеленая бусина

Черная бусина

Белая бусина

Красная бусина

Почему мы нуждаемся в помощи от Иисуса?

Никто не является достаточно умным, чтобы вернуться к Богу. 🖐

Никто не дает достаточно, чтобы вернуться к Богу. 🖐

Никто не является достаточно сильным, чтобы вернуться к Богу. 🖐

Никто не является достаточно хорошим, чтобы вернуться к Богу. 🖐

–Ев. от Иоанна 14:6–Иисус сказал ему: Я есмь путь и истина и жизнь; никто не приходит к Отцу, как только через Меня.

Делайте учеников

Какой первый шаг в Плане Иисуса?

Подготовьте ваши сердца 🖐

Идите в парах 🖐

Молитесь о лидерах на жатве 🖐

Идите со смирением 🖐

Полагайтесь на Бога, а не на деньги 🖐

Идите прямо туда, куда Он призывает вас 🖐

–Ев. от Луки 10:2–...и сказал им: жатвы много, а делателей мало; итак, молите Господина жатвы, чтобы выслал делателей на жатву Свою.

Какой второй шаг в плане Иисуса?

–Ев. от Луки 10:5-8–
⁵В какой дом войдете, сперва говорите: мир дому сему;
⁶и если будет там сын мира, то почиет на нем мир ваш, а если нет, то к вам возвратится.
⁷В доме же том оставайтесь, ешьте и пейте, что у них есть, ибо трудящийся достоин награды за труды свои; не переходите из дома в дом.
⁸И если придете в какой город и примут вас, ешьте, что вам предложат…

2. Развивайте дружбу (5-8)

Найдите сына мира (5, 6)

«В стихах 5 и 6 Иисус заповедал нам найти сына мира. Сын мира – это ищущий Бога в том месте, куда вы идете. Когда вы говорите с ним о духовных вопросах, он демонстрирует интерес и желает узнать больше. Бог уже работает с этим человеком и привлекает его к Себе. Поделиться своим свидетельством – часто хороший способ найти человека мира».

- Напишите во второй колонке вашего Плана Иисуса «сына мира», которого вы знаете в вашей целевой области.

  🖐 **Сын мира**
  Ударьте рукой об руку, как делают это друзья, когда встречаются.

ЕШЬТЕ И ПЕЙТЕ, ЧТО У НИХ ЕСТЬ (7, 8)

«Как вы думаете, почему Иисус говорит в стихе 7: "Ешьте и пейте, что у них есть"? Он желает, чтобы мы были чувствительными к культуре, когда мы развиваем дружбу. Лучший способ для этого – есть и пить то, что ваш хозяин предлагает вам в рамках дружеских отношений.

Иногда вам приходится просить о Божьей благодати, когда какая-то необычная пища оказывается в вашем желудке! Тем не менее, если вы просите, вы получите. Помните, люди чувствуют, что их любят и принимают, когда мы едим то, что едят они, и пьем то, что пьют они».

- Напишите во второй колонке вашего Плана Иисуса любые обычаи и предпочтения в пище вашей целевой группы, к которым вы должны быть чувствительны.

  ✋ Ешьте и пейте.
  Сделайте вид, что вы едите и пьете. Затем погладьте живот, как будто вам понравилась еда.

НЕ ПЕРЕХОДИТЕ ИЗ ДОМА В ДОМ (7)

«В стихе 7 Иисус говорит, чтобы мы оставались в доме того человека, с которым мы вступили в контакт в деревне. Для развития дружбы требуется время, и все взаимоотношения сталкиваются с конфликтом и проблемами время от времени. Если мы переезжаем при первых признаках проблемы,

это дискредитирует послание примирения, которое мы проповедуем».

🖐 Не переходите из дома в дом
Сделайте обеими руками контур крыши. Передвиньте дом в несколько мест и отрицательно покачайте головой.

- Обучайте принципам второго шага Плана Иисуса посредством следующей постановки:

❧ Как разозлить деревню ❧

«Что, по вашему мнению, подумали люди в деревне, если бы вы пришли в деревню таким образом?»

- Скажите всем, что вы и ваш партнер до данного момента следовали Плану Иисуса. Вы пошли на служение парой. Вы молились, шли со смирением и не полагались на деньги. Бог работает в этой деревне, и вы вдвоем пошли прямо туда. Скажите им, чтобы они смотрели, что произойдет теперь, и как отреагируют жители деревни.
- Попросите лидером представить, что группа обучения – это деревня. Группы людей – это дома в деревне.
- Идите к первому дому, произнесите благословение, сядьте вместе с ними и проведите с ними время. Спросите у них, можете ли вы что-то поесть, потому что вы чрезвычайно голодны. После того, как ваши хозяева принесут вам еду, попробуйте ее и сделайте кислое выражение лица. Затем скажите вашему партнеру, что вы не можете оставаться здесь больше, потому

что еда такая плохая, и вы думаете, что умрете. Попрощайтесь, поглаживая живот, как будто у вас он болит.

- Пойдите ко второму дому, произнесите благословение, сядьте с ними и снова согласитесь провести там ночь. «Притворитесь», как будто вы уснули. Через некоторое время ваш партнер говорит вам, что вы не можете остаться там больше потому, что один человек в доме храпит очень громко. Ваш партнер не спал всю ночь. Попрощайтесь, протирая глаза.

- Идите к третьему дому, произнесите благословение, посидите с ними и останьтесь на некоторое время. На следующий день скажите вашему партнеру, что вы не можете больше оставаться, потому что они слишком много сплетничают, что режет вам слух. Попрощайтесь и уйдите, потирая уши.

- Идите к последнему дому, произнесите благословение, посидите с ними и останьтесь на некоторое время. Скажите всем, что вы слышали, что в этом доме прекрасные дочери. Вы пытаетесь помочь своему другу найти жену. Расскажите членам этой семьи все об удивительных качествах вашего партнера. Объясните, что вы уверены в том, что Бог желает, чтобы ваш партнер женился на одной из их прекрасных дочерей.

«*Если бы мы попытались поделиться Евангелием в этой деревне, что подумали бы ее жители? Они подумали бы, что у нас нет понятия о чести. Все, что нас заботит, – это что они могут дать нам. Следование Плану Иисуса поможет нам избежать многих ошибок*».

- Запишите во второй колонке вашего Плана Иисуса, какой взнос вы сделаете в дом, в котором вы остановились. Каким конкретным образом вы можете быть благословением для них?

Каким был третий шаг в Плане Иисуса?

–Ев. от Луки 10:9–
...и исцеляйте находящихся в нем больных, и говорите им: приблизилось к вам Царствие Божие.

3. Делитесь Благой вестью.

Исцеляйте больных (9)

«Служение Иисуса включало в себя служение и физическим, и духовным нуждам. Мы можем принести исцеление в деревню или группу людей многими способами, такими как участие в развитии общества, улучшение водоснабжения, медицинская и стоматологическая помощь, молитва за больных и консультирование».

- Запишите во второй колонке вашего Плана Иисуса практический способ, которым вы можете восполнить физические нужды в обществе через ваше служение или миссию.

✋ Исцеляйте больных
Протяните руки, как будто вы возлагаете их на больного для исцеления.

ДЕЛИТЕСЬ ЕВАНГЕЛИЕМ (9)

«Вторая часть распространения Евангелия – это делиться Евангелием».

- Повторите Евангелие, используя евангельский браслет

«Благая весть – благая только тогда, когда люди могут понять ее в своем контексте. Важный аспект провозглашения Евангелия – убедиться в том, что оно имеет смысл для слышащих его».

✋ **Делитесь Евангелием**
Приложите руки ко рту, как будто вы держите мегафон.

- Обучайте принципам третьего шага стратегии Иисуса с помощью следующей постановки:

✧ Двукрылая птица ✧

«Иисус сказал исцелять больных и проповедовать Евангелие. Это подобно двум крыльям птицы. Необходимы оба крыла, чтобы летать!»

- Пригласите добровольца. Объясните, что доброволец – одаренный евангелист, а вы лучше всего движетесь в исцелении больных.
- Попросите добровольца держать обе руки, как крылья. Объясните, что его правая рука сильная в евангелизме, но его левая рука слабее (попросите его сделать левую руку короче правой).

- Держите обе ваши руки, как крылья. Объясните, что ваша левая рука сильная в исцелении больных, но ваша правая рука слабее. Вы слабы в проповеди Евангелия. Попросите добровольца полетать с его сильным и слабым крылом. Вы сделайте то же самое. (Вы оба будете летать кругами).

«Насколько будут отличаться результаты, если мы решим работать вместе?»

- Соедините вашу «слабую» руку (евангелизм) со «слабой» рукой добровольца (исцеление больных).

«Когда мы соединяем нашу силу и работаем бок о бок, мы можем летать».

- Вы с добровольцем машите вашими «сильными» руками вместе и «летайте» вокруг помещения.

Какой четвертый шаг в Плане Иисуса?

–Ев. от Луки 10:10,11–
Если же придете в какой город и не примут вас, то, выйдя на улицу, скажите: и прах, прилипший к нам от вашего города, отрясаем вам; однако же знайте, что приблизилось к вам Царствие Божие.

4. Оценивайте результаты и вносите коррективы

ОЦЕНИВАЙТЕ, КАК ОНИ РЕАГИРУЮТ (10,11)

«Ключом к длительному успеху в любой миссии является способность производить оценку. На этом шаге Иисус говорит нам анализировать то, как люди реагируют и вносить коррективы в наши планы.

Иногда люди не откликаются потому, что они не понимают наше послание, и нам нужно сделать его понятнее. В других случаях люди не откликаются потому, что у них есть грех в жизни, поэтому мы рассказываем им о Божьем прощении. Третьи не восприимчивы из-за негативных прошлых переживаний, и мы с любовью ведем их обратно в Божью семью. Однако наступает время, когда мы должны оценить открытость людей, с которыми мы работаем, и откорректировать наш план соответствующим образом.

Важный шаг в Плане Иисуса – решить еще до начала, как мы будем оценивать результаты».

- Напишите во второй колонке вашего Плана Иисуса, как будет выглядеть «успех» в этой миссии или служении? Как вы будете оценивать их реакцию?

  ✋ Оцените результаты
  Держите руки ладонями вверх, как чаши весов. Двигайте ими вверх и вниз с вопросительным выражением на лице.

УХОДИТЕ, ЕСЛИ НЕ ПОЛУЧАЕТЕ ОТКЛИКА (11)

«Последний принцип в Плане Иисуса очень трудно принять многим людям. Нам следует оставить место, где мы служим, если люди не откликаются. Часто мы продолжаем верить, что что-то изменится. Мы продолжаем надеяться, когда пришло время двигаться дальше».

«Стратегическая часть миссионерской работы – определить, когда пришло время двигаться дальше. Некоторые хотят уйти слишком быстро, другие – слишком медленно. Оставлять дружеские отношения всегда трудно, но важно помнить, что Иисус заповедал нам двигаться дальше, если люди не откликаются.

Сколько времени вы должны инвестировать в людей перед тем, как вы решите, что они не собираются откликнуться: день, месяц или год? Для каждого служение обстоятельства разные. Реальность заключается в том, что многие люди остаются на слишком долгое время и упускают Божье благословение в другом месте потому, что они не были послушны принципам в Плане Иисуса».

- Запишите во второй колонке вашего Плана Иисуса, сколько, по вашему мнению, вам нужно будет остаться, чтобы выполнить миссию, которую Бога дал вам. Если данная группа людей не будет отзывчива к Евангелию, где вы начнете в следующий раз?

    Уходите, если нет результатов.
    Помашите на прощание рукой.

Стих для заучивания наизусть

> –Ев. от Луки 10:9–
>
> ...ИСЦЕЛЯЙТЕ НАХОДЯЩИХСЯ В НЕМ БОЛЬНЫХ, И ГОВОРИТЕ ИМ: ПРИБЛИЗИЛОСЬ К ВАМ ЦАРСТВИЕ БОЖИЕ.

- Все встают и по памяти произносят стих для заучивания наизусть десять раз. Первые шесть раз они могут пользоваться Библиями или записями. Последние четыре раза они произносят его наизусть. Каждый раз произносите место Писания перед цитированием стиха и сядьте, когда закончите.
- Следование этому порядку поможет тренерам узнать, какие команды закончили урок в разделе «Практика».

Практика

- Разбейте лидеров на группы по четыре человека. Попросите их использовать обучающий процесс урока лидерства.
- Проведите лидеров шаг за шагом через процесс обучения, давая им по 7-8 минут, чтобы обсудить каждый из следующих разделов.

ПРОГРЕСС

«Какой части этих шагов вашей группе повиноваться легче всего?»

ПРОБЛЕМЫ

«Какой части этих шагов вашей группе повиноваться труднее всего?»

ПЛАНЫ

«Какое задание вы начнете выполнять с вашей группой в течение последующих 30 дней, чтобы повиноваться этим шагам Плана Иисуса?»

- Лидеры должны записать планы друг друга, чтобы можно было молиться о них впоследствии.

ПРАКТИКА

«Какое задание вы станете выполнять лучше в вашей группе в течение последующих 30 дней, чтобы повиноваться этим шагам Плана Иисуса?»

- Каждый записывает практику своего партнера, чтобы можно было молиться о них впоследствии.
- После того, как все рассказали, какой навык они будут тренировать, лидеры встают, чтобы произнести вместе стих для заучивания наизусть десять раз.

МОЛИТВА

- Уделите время, чтобы молиться о планах друг друга. Молитесь, чтобы Бог продолжал помогать группам прогрессировать и укреплять свои слабые области.

Окончание

Мой План Иисуса

- Попросите лидеров обратиться к странице «План Иисуса» в конце их руководства участника.

«Используя записи с этого занятия, заполните вторую и третью колонки вашего Плана Иисуса. Эти колонки указывают, кто наш сын мира, и как мы будем служить ему. Запишите конкретные детали того, как вы будете следовать принципам Иисуса для служения из Ев. от Луки 10».

9

Умножайте группы

Здоровые воспроизводящие себя церкви являются результатом того, что лидеры становятся сильнее в Боге, делятся Евангелием, делают учеников, начинают группы и обучают лидеров. Однако, большинство лидеров никогда не начинали церкви и не знают, как начать. «Умножайте группы» говорит о том, на чем мы должны концентрироваться, когда мы начинаем группы, которые вырастают в церкви. В книге Деяний Иисус повелевает нам начинать группы в четырех разных областях. Он говорит начинать группы в городе и регионе, в которых мы живем. Затем Он говорит начинать новые общины в соседнем регионе и этнической группе, отличной от места, где мы живем. Наконец, Иисус повелевает нам идти в отдаленные места и достигать каждую этническую группу в мире. Лидеры добавляют посвящение делать это к их Плану Иисуса.

Книга Деяний также описывает работу четырех групп людей, основывавших группы. Петр, пастор, помогал начать группу в доме Корнилия. Павел, непрофессионал, путешествовал по Римской империи, начиная группы. Прискилла и Акила, бизнесмены, работающие на себя, начинали группы в тех местах, куда их приводил бизнес. «Преследуемые» люди в Деяниях, главе 8, рассеялись и начинали группы там, куда они приходили. В этом уроке лидеры определят потенциальных основателей групп в своей сфере влияния и добавят их к своему Плану Иисуса. Занятие заканчивается рассуждением над предположением, что насаждение церквей требует большого банковского счета. Большинство церквей начинается в домах с расходами, не намного превосходящими стоимость одной Библии.

Хвала

- Спойте вместе две песни или гимна. Попросите какого-то лидера помолиться об этом занятии.

Прогресс

- Попросите другого растущего лидера поделиться кратким свидетельством (три минуты) о том, как Бог благословляет его группу. После того, как этот лидер поделится свидетельством, попросите группу помолиться за него.
- Или, как вариант, смоделируйте с одним из лидеров время наставления, используя модель обучения лидерству «Прогресс, проблемы, план, практика, молитва».

Проблема

«Часто у верующих хорошее сердце, и они горячо желают достигать свое общество. Однако у них отсутствует простой план действий, который соответствовал бы их целям.

Многие начинают группы путем проб и ошибок, но этот метод растрачивает время и энергию. Иисус дал ученикам четкие инструкции о том, как начинать группы. Когда мы следуем Его плану, мы присоединяемся к Нему там, где Он работает, и избегаем ненужных ошибок».

План

«Цель этого урока – показать вам хороший способ начать группу учеников, следуя указаниям Иисуса. Мы начинаем с того, что находим сына мира и восполняем его физические и духовные нужды. Иисус также повелел нам оценивать нашу работу в конце Его плана».

Повторение

Приветствие
  Кто созидает Церковь?
  Почему это так важно?
  Как Иисус созидает Его Церковь?
    Будьте сильным в Боге 🖐
    Делитесь Евангелием 🖐
    Делайте учеников 🖐
    Начинайте группы и церкви 🖐
    Развивайте лидеров 🖐

–1 Послание к Коринфянам 11:1–Будьте подражателями мне, как я Христу.

Обучайте, как Иисус
Как обучал лидеров Иисус?
Прогресс 🖐
Проблемы 🖐
Планы 🖐
Практика 🖐
Молитва 🖐

–Ев. от Луки 6:40–Ученик не бывает выше своего учителя; но, и усовершенствовавшись, будет всякий, как учитель его.

Ведите, как Иисус
Кто, по словам Иисуса, является величайшим лидером? 🖐
Каковы семь качеств выдающегося лидера?
Кто, по словам Иисуса, является величайшим лидером? 🖐
Каковы семь качеств выдающегося лидера?
1. Выдающиеся лидеры любят людей 🖐
2. Выдающиеся лидеры знают свою миссию 🖐
3. Выдающиеся лидеры служат своим последователям 🖐
4. Выдающиеся лидеры исправляют с добротой 🖐
5. Выдающиеся лидеры знают текущие проблемы в группе 🖐
6. Выдающиеся лидеры подают хороший пример 🖐
7. Выдающиеся лидеры знают, что они благословлены 🖐

–Ев. от Иоанна 13:14,15–Итак, если Я, Господь и Учитель, умыл ноги вам, то и вы должны умывать ноги друг другу. Ибо Я дал вам пример, чтобы и вы делали то же, что Я сделал вам.

Возрастайте в силе
    Какой тип личности Бог дал вам?
        Воин ✋
        Искатель ✋
        Пастух ✋
        Сеятель ✋
        Сын\Дочь ✋
        Святой ✋
        Слуга ✋
        Управитель ✋
    Какой тип личности нравится Богу больше всего?
    Из какого типа личности получаются лучшие лидеры?

> –Послание к Римлянам 12:4-5–*Ибо, как в одном теле у нас много членов, но не у всех членов одно и то же дело, так мы, многие, составляем одно тело во Христе, а порознь один для другого члены.*

Сильнее вместе
    Почему в мире существует восемь типов людей?
    Иисус, какой Он?
        Воин ✋
        Искатель ✋
        Пастух ✋
        Сеятель ✋
        Сын\Дочь ✋
        Святой ✋
        Слуга ✋
        Управитель ✋
    Какие три варианта есть у нас, когда возникает конфликт?
        Убежать ✋
        Сражаться друг с другом ✋
        Найти путь Божьего Духа, чтобы работать вместе ✋

–Послание к Галатам 2:19,20–Я сораспялся Христу и уже не я живу, но живет во мне Христос.

Делитесь Евангелием

Как я могут делиться простым Евангелием?

Золотая бусина

Синяя бусина

Зеленая бусина

Черная бусина

Белая бусина

Красная бусина

Почему мы нуждаемся в помощи от Иисуса?

Никто не является достаточно умным, чтобы вернуться к Богу. ✋

Никто не дает достаточно, чтобы вернуться к Богу. ✋

Никто не является достаточно сильным, чтобы вернуться к Богу. ✋

Никто не является достаточно хорошим, чтобы вернуться к Богу. ✋

–Ев. от Иоанна 14:6–Иисус сказал ему: Я есмь путь и истина и жизнь; никто не приходит к Отцу, как только через Меня.

Делайте учеников

Какой первый шаг в Плане Иисуса?

Подготовьте ваши сердца ✋

Идите в парах ✋

Молитесь о лидерах на жатве ✋

Идите со смирением ✋

Полагайтесь на Бога, а не на деньги ✋

Идите прямо туда, куда Он призывает вас ✋

–Ев. от Луки 10:2–...и сказал им: жатвы много, а делателей мало; итак, молите Господина жатвы, чтобы выслал делателей на жатву Свою.

Начинайте группы
    Какой второй шаг в Плане Иисуса?
        Развивайте дружбу
            Найдите сына мира
            Ешьте и пейте, что вам дают
            Не переходите из дома в дом
    Какой третий шаг в Плане Иисуса?
        Делитесь Благой вестью
            Исцеляйте больных
            Провозглашайте Евангелие
    Какой четвертый шаг в Плане Иисуса?
        Оценивайте результаты и вносите коррективы
            Оценивайте, как реагируют люди
            Уходите, если они не откликаются

–Ев. от Луки 10:9–...исцеляйте находящихся в нем больных, и говорите им: приблизилось к вам Царствие Божие.

В каких четырех местах Иисус повелел верующим начинать группы?

–Деяния 1:8–
...НО ВЫ ПРИМЕТЕ СИЛУ, КОГДА СОЙДЕТ НА ВАС ДУХ СВЯТЫЙ; И БУДЕТЕ МНЕ СВИДЕТЕЛЯМИ В ИЕРУСАЛИМЕ И ВО ВСЕЙ ИУДЕЕ И САМАРИИ И ДАЖЕ ДО КРАЯ ЗЕМЛИ.

1. **Иерусалим**

   «Иисус сказал ученикам начинать группы в том же городе, в котором они живет и в той же этнической группе. Когда мы следуем Его примеру, мы начинаем новые группы и церкви в городах, в которых мы живем».

   - В третьей колонке вашего Плана Иисуса запишите название места в городе, в котором вы живете, где нужна новая группа или церковь. Напишите краткое описание, как это произойдет.

2. **Иудея**

   «Во-вторых, Иисус сказал ученикам начинать группы в том же регионе, где они жили. Иерусалим был урбанизированным местом, в то время как Иудея была сельской частью Израиля. Люди, жившие в Иудее, были из той же этнической группы, что и ученики. Следуя повелению Иисуса, мы будем начинать новые группы и церкви в сельской местности в регионах, где мы живем».

   - В третьей колонке вашего Плана Иисуса запишите название места в регионе, в котором вы живете, где нужна новая группа или церковь. Напишите краткое описание, как это произойдет.

3. **Самария**

   «В-третьих, Иисус повелел ученика начинать группы в другом городе и другой этнической группе.

Евреи презирали жителей Самарии. Иисус призвал учеников, не смотря на их предрассудки, делиться Благой вестью и начинать группы и церкви среди самарян. Мы следуем повелению Иисуса, когда мы начинаем группы или церкви в близлежащих городах среди другой этнической группы».

- В третьей колонке вашего Плана Иисуса запишите название места в другом городе и другой этнической группе, где нужна новая группа или церковь. Напишите краткое описание, как это произойдет.

4. **До края земли**

«Наконец, Иисус поручил ученикам начинать группы по всему миру и в разнообразных этнических группах на земле. Послушание этой заповеди обычно требует изучения нового языка и новой культуры. Мы повинуемся этой заповеди, когда мы высылаем миссионеров из нашей церкви, чтобы они начинали новые группы и церкви за рубежом».

- В третьей колонке вашего Плана Иисуса запишите название места в другом регионе и другой этнической группе, где нужна новая группа или церковь. Напишите краткое описание, как это произойдет.

Какие существуют четыре способа начала группы или церкви?

1. **Петр**

   –Деяния 10:9–
   На другой день, когда они шли и приближались к городу, Петр около шестого часа взошел на верх дома помолиться.

   «Петр был пастором церкви в Иерусалиме. Корнилий попросил его прийти в Иоппию, чтобы поделиться Благой весть об Иисус Христе. Когда Петр проповедовал дому Корнилия, все приняли Христа, вошли в Божью семью, и создалась новая группа.

   Один из способов начинать новые группы или церкви – это когда пастор существующей церкви отправляется в краткосрочную миссионерскую поездку и помогает начать новую группу или церковь. Выполнение такого типа насаждения церквей обычно требует от одной до трех недель».

   - В четвертой колонке вашего Плана Иисуса запишите имя знакомого пастора, который может помочь начать новую группу или церковь. Напишите краткое описание, как это произойдет.

2. **Павел**

   –Деяния 13:2–
   Когда они служили Господу и постились, Дух Святый сказал: отделите Мне Варнаву и Савла на дело, к которому Я призвал их.

   «Павел и Варнава были лидерами церкви в Антиохии. Бог проговорил к ним во время поклонения и выслал их идти в недостигнутые регионы и делиться Евангелием. В послушании они начали группы и церкви по всей Римской империи.

   Второй способ начинать группы или церкви – это высылать лидеров в другие города и регионы проповедовать Евангелие. Эти миссионеры собирают новообращенных и начинают новые группы или церкви. Для подобной миссии обычно требуется от одного до трех месяцев».

   - В четвертой колонке вашего Плана Иисуса запишите имена лидеров церкви, которые могут помочь начать новую группу или церковь. Напишите краткое описание, как это произойдет.

3. **Прискилла и Акила**

   –1 Коринфянам 16:19–
   Приветствуют вас церкви Асийские; приветствуют вас усердно в Господе Акила и Прискилла с домашнею их церковью.

   «Прискилла и Акила были деловыми людьми в церкви. Они начинали группу или церковь там, где они

жили и работали. Когда их бизнес переезжал, они начинали новую группу или церковь на новом месте жительства.

Третий способ начинать новые группы или церкви – христианские бизнесмены начинают группы, которые становятся церквами среди их клиентской базы. Если христианский бизнесмен переезжает в область, где не существует церкви, он начинает группу. Для такой миссии обычно необходимо от одного до трех лет».

- В четвертой колонке вашего Плана Иисуса запишите имена знакомых бизнесменов, которые могут помочь начать новую группу или церковь. Напишите краткое описание, как это произойдет.

4. **Преследуемые**

> –Деяния 8:1–
> Савл же одобрял убиение его. В те дни произошло великое гонение на церковь в Иерусалиме; и все, кроме Апостолов, рассеялись по разным местам Иудеи и Самарии.

«Последняя группа людей, которые начинали группы и церкви в книге Деяний, были преследуемыми верующими. Многие верующие бежали из Иерусалима, когда Савл начал яростно преследовать Церковь. Они начинали группы и церкви по всей Иудее и Самарии. Мы знаем, что это так и было, потому что апостолы позже посещали церкви, которые уже существовали в этих областях.

Последний способ начала новых групп и церквей – через преследуемых верующих, которые должны переехать в новых город. Если там нет группы или церкви, вновь прибывшие верующие начинают таковые. Для начала группы или церкви не обязательно заканчивать семинарию, но нужно просто любить Иисуса и желать от сердца повиноваться Его заповедям».

- В четвертой колонке вашего Плана Иисуса запишите имена переселенцев, которые могут помочь начать новую группу или церковь. Напишите краткое описание, как это произойдет.

Стих для заучивания наизусть

> –Деяния 1:8–
> …НО ВЫ ПРИМЕТЕ СИЛУ, КОГДА СОЙДЕТ НА ВАС ДУХ СВЯТЫЙ; И БУДЕТЕ МНЕ СВИДЕТЕЛЯМИ В ИЕРУСАЛИМЕ И ВО ВСЕЙ ИУДЕЕ И САМАРИИ И ДАЖЕ ДО КРАЯ ЗЕМЛИ.

- Все встают и по памяти произносят стих для заучивания наизусть десять раз. Первые шесть раз они могут пользоваться Библиями или записями. Последние четыре раза они произносят его наизусть. Каждый раз произносите место Писания перед цитированием стиха и сядьте, когда закончите.
- Следование этому порядку поможет тренерам узнать, какие команды закончили урок в разделе «Практика».

Практика

- Разбейте лидеров на группы по четыре человека. Попросите их использовать обучающий процесс урока лидерства.
- Проведите лидеров шаг за шагом через процесс обучения, давая им по 7-8 минут, чтобы обсудить каждый из следующих разделов.

ПРОГРЕСС

«Поделитесь прогрессом, которого вы добились, начиная группы или церкви в четырех разных местах с четырьмя разными категориями основателей групп».

ПРОБЛЕМЫ

«Поделитесь проблемами, с которыми вы столкнулись, начиная группы или церкви в четырех разных местах с четырьмя разными категориями основателей групп».

ПЛАНЫ

«Поделитесь двумя заданиями, которые вы начнете выполнять с вашей группой в течение последующих 30 дней, чтобы помочь им начать новую группу или церковь».

- Лидеры должны записать планы друг друга, чтобы можно было молиться о них впоследствии.

ПРАКТИКА

«Поделитесь одним заданием, которое вы будете выполнять в течение последующих 30 дней, чтобы возрасти как лидер в этой области».

- Каждый записывает практику своего партнера, чтобы можно было молиться о них впоследствии.
- После того, как все рассказали, какой навык они будут тренировать, лидеры встают, чтобы произнести вместе стих для заучивания наизусть десять раз.

МОЛИТВА

- Уделите время, чтобы молиться о планах друг друга и навыке, который вы будете тренировать на протяжении последующих 30 дней, чтобы возрасти как лидер.

Окончание

Сколько стоит начать новую церковь?

«Что вам нужно, чтобы начать новую церковь? Давайте составим список».

- Пишите список на доске, когда студенты отвечают на вопросы. Разрешите дискутировать и спорить. Например, если кто-то скажет «здание», спросите остальных студентов, является ли здание обязательным для начала церкви.

«Теперь, когда у нас есть список необходимых вещей для начала церкви, давайте проставим цену напротив каждой из них».

- Идите по списку, попросив студентов назвать примерную цену каждого компонента. Призовите учащихся дискутировать и достигать согласия по цене для каждого пункта. Обычно группа придет к заключению, что начать новую церковь не стоит ничего или стоит, максимум, денег для приобретения одной Библии.

«Цель этого упражнения состоит в том, чтобы рассмотреть обычную ошибку, которую допускают люди, планируя начинать церкви. Они предполагает, что требуется много денег, чтобы начать церковь. Однако большинство церквей начинаются в домах и не стоят большого количества денег. Даже сегодняшние большие мегацеркви обычно начинались в доме. Вера, надежда и любовь – единственные необходимые компоненты для начала церкви, а не большой счет в банке».

Мой План Иисуса

- Попросите лидеров обратиться к странице «План Иисуса» в конце их руководства участника.

«Мы представим наш План Иисус друг другу на следующем занятии. Уделите несколько минут тому, чтобы завершить ваш План Иисуса и подумайте о том, как вы представите его группе. Когда закончите, проведите некоторое время в

молитве, прося Божьего благословения на следующее занятие».

Еще один обычный вопрос

Как вы работаете с неграмотными людьми на обучающих занятиях?

Обучение *«Следуя за Иисусом»* использует несколько способов обучения, которые помогают грамотным и неграмотным людям запоминать усвоенный материал. По нашему опыту, обе группы получают одинаковое удовольствие и пользу от обучения. Мы делаем ударение на движениях рук больше, когда обучаем неграмотных людей. В некоторых азиатских культурах женщины не получают образование выше третьего класса. После обучения такой группы женщин, они подошли к нам со слезами на глазах. «Спасибо, – сказал они, – потому что движения рук помогли нам запомнить, и мы теперь можем следовать за Иисусом».

Даже среди неграмотных людей, обычно один человек может читать для всех группы. Часто мы просим этого человека читать места Писания вслух для всей группы. Иногда мы просим читающего повторять места Писания 2-3 раза, чтобы убедиться в том, что группа понимает их. Если мы заранее знаем, что группа в своем большинстве неграмотная, мы организуем видео или аудио запись каждого занятия.

На неграмотных людей оказывает сильное влияние телевидение и радио, даже в отдаленных деревнях. Не совершайте ошибку, думая, что вам нужно повторять урок для неграмотных слушателей. Если учащиеся не понимают урок с первого раза, обучайте их в дополнительное время, а затем оставьте им аудио- или видеозапись, чтобы они занимались повторением, когда вы отсутствуете. В большинстве мест есть хотя бы общий DVD или VCD плейер. MP3 плейеры широко распространены и могут работать от батареек.

Бог будет продолжать благословлять многих учащихся после того через видео- и аудиозаписи после того, как вы уедите. Если вы сделаете видео- или аудиозапись, пожалуйста, вышлите ее копию на *lanfam@FollowJesusTraining.com*.

10

Следуйте за Иисусом

Лидеры узнали на *«Обучении радикальных лидеров»*, кто строит церковь, и почему это важно. Они овладели пятью частями стратегии Иисуса по достижению мира и потренировались наставлению друг друга. Они поняли семь качеств выдающегося лидера, создали «дерево обучения» на будущее и знают, как работать с разными типами личности. У каждого лидера есть план, основанный на плане Иисуса из Ев. от Луки, главы 10. «Следовать за Иисусом» обращается к одной оставшейся части лидерства: мотивации.

Две тысячи лет назад люди следовали за Иисусом по разным причинам. Некоторые, подобно Иакову и Иоанну, верили, что следование за Иисусом принесет им славу. Другие, подобно фарисеям, следовали за Ним, чтобы критиковать и демонстрировать свое превосходство. А третьи, подобные Иуде, следовали за Иисусом ради денег. Пятитысячная толпа хотела следовать за Иисусом потому, что Он обеспечил их едой, в которой они нуждались. Еще одна группа следовала за Иисусом, потому что они нуждались в исцелении, и только один человек вернулся сказать «спасибо». К сожалению, многие люди эгоистично следуют за Иисусом ради того, что Он может дать им. Сегодня дела обстоят так же. Как лидеры мы должны исследовать себя и задавать себе вопрос: «Почему я следую за Иисусом?»

Иисус выражал похвалу людям, которые следовали за Ним из сердца, полного любви. Экстравагантный дар благовония от презренной женщины вызвал обещание воспоминания о нем везде, где люди будут проповедовать Евангелие. Лепта вдовы коснулась сердца Иисуса больше, чем все золото храма. Иисус был разочарован, когда многообещающий молодой человек отказался любить Бога всем своим сердцем, выбрав вместо этого свои богатства. Также Иисус задал Петру всего лишь один вопрос ради его восстановления после его предательства: «Симон, любишь ли ты Меня?» Духовные лидеры любят людей и любят Бога.

Занятие заканчивается, когда каждый лидер делится своим Планом Иисуса. Лидеры молятся друг за друга, дают посвящение работать вместе и наставляют новых лидеров стремиться к Божьей любви и славе.

Хвала

- Спойте вместе две песни или гимна. Попросите какого-то лидера помолиться об этом занятии.

Прогресс

Приветствие
    Кто созидает Церковь?
    Почему это так важно?
    Как Иисус созидает Его Церковь?
        Будьте сильным в Боге ✋
        Делитесь Евангелием ✋
        Делайте учеников ✋
        Начинайте группы и церкви ✋
        Развивайте лидеров ✋

    –1 Послание к Коринфянам 11:1–Будьте подражателями мне, как я Христу.

Обучайте, как Иисус
    Как обучал лидеров Иисус?
        Прогресс ✋
        Проблемы ✋
        Планы ✋
        Практика ✋
        Молитва ✋

    –Ев. от Луки 6:40–Ученик не бывает выше своего учителя; но, и усовершенствовавшись, будет всякий, как учитель его.

Ведите, как Иисус
    Кто, по словам Иисуса, является величайшим лидером? ✋
    Каковы семь качеств выдающегося лидера?
        1. Выдающиеся лидеры любят людей ✋
        2. Выдающиеся лидеры знают свою миссию ✋
        3. Выдающиеся лидеры служат своим последователям ✋
        4. Выдающиеся лидеры исправляют с добротой ✋

5. Выдающиеся лидеры знают текущие проблемы в группе
6. Выдающиеся лидеры подают хороший пример
7. Выдающиеся лидеры знают, что они благословлены

–Ев. от Иоанна 13:14,15–Итак, если Я, Господь и Учитель, умыл ноги вам, то и вы должны умывать ноги друг другу. Ибо Я дал вам пример, чтобы и вы делали то же, что Я сделал вам.

Возрастайте в силе

Какой тип личности Бог дал вам?

Воин

Искатель

Пастух

Сеятель

Сын\Дочь

Святой

Слуга

Управитель

Какой тип личности нравится Богу больше всего?

Из какого типа личности получаются лучшие лидеры?

–Послание к Римлянам 12:4-5–Ибо, как в одном теле у нас много членов, но не у всех членов одно и то же дело, так мы, многие, составляем одно тело во Христе, а порознь один для другого члены.

Сильнее вместе

Почему в мире существует восемь типов людей?

Иисус, какой Он?

Воин

Искатель

Пастух

Сеятель

Сын\Дочь ✋
Святой ✋
Слуга ✋
Управитель ✋

Какие три варианта есть у нас, когда возникает конфликт?
Убежать ✋
Сражаться друг с другом ✋
Найти путь Божьего Духа, чтобы работать вместе ✋

–Послание к Галатам 2:19,20–Я сораспялся Христу и уже не я живу, но живет во мне Христос.

Делитесь Евангелием

Как я могут делиться простым Евангелием?
Золотая бусина
Синяя бусина
Зеленая бусина
Черная бусина
Белая бусина
Красная бусина

Почему мы нуждаемся в помощи от Иисуса?
Никто не является достаточно умным, чтобы вернуться к Богу. ✋
Никто не дает достаточно, чтобы вернуться к Богу. ✋
Никто не является достаточно сильным, чтобы вернуться к Богу. ✋
Никто не является достаточно хорошим, чтобы вернуться к Богу. ✋

–Ев. от Иоанна 14:6–Иисус сказал ему: Я есмь путь и истина и жизнь; никто не приходит к Отцу, как только через Меня.

Делайте учеников

Какой первый шаг в Плане Иисуса?

    Подготовьте ваши сердца ✋

    Идите в парах ✋

    Молитесь о лидерах на жатве ✋

    Идите со смирением ✋

    Полагайтесь на Бога, а не на деньги ✋

    Идите прямо туда, куда Он призывает вас ✋

–Ев. от Луки 10:2–...и сказал им: жатвы много, а делателей мало; итак, молите Господина жатвы, чтобы выслал делателей на жатву Свою.

Начинайте группы

Какой второй шаг в Плане Иисуса?

    Развивайте дружбу ✋

    Найдите сына мира

    Ешьте и пейте, что вам дают

    Не переходите из дома в дом

Какой третий шаг в Плане Иисуса?

    Делитесь Благой вестью ✋

    Исцеляйте больных

    Провозглашайте Евангелие

Какой четвертый шаг в Плане Иисуса?

    Оценивайте результаты и вносите коррективы ✋

    Оценивайте, как реагируют люди

    Уходите, если они не откликаются

–Ев. от Луки 10:9–...исцеляйте находящихся в нем больных, и говорите им: приблизилось к вам Царствие Божие.

Начинайте церкви
В каких четырех местах Иисус повелел верующим начинать церкви?
Иерусалим
Иудея
Самария
До края земли
Какие существуют четыре способа начала церкви?
Петр
Павел
Прискилла и Акила
Преследуемые
Сколько стоит начать новую церковь?

–Деяния 1:8– ...но вы примете силу, когда сойдет на вас Дух Святый; и будете Мне свидетелями в Иерусалиме и во всей Иудее и Самарии и даже до края земли.

План

Почему вы следуете за Иисусом?

«Когда Иисус ходил по этой земле две тысячи лет тому назад, люди следовали за Ним по разным причинам.

Люди, подобные Иакову и Иоанну, верили, что следование за Иисусом принесет им славу».

—Ев. от Марка 10:35-37—
[Тогда] подошли к Нему сыновья Зеведеевы Иаков и Иоанн и сказали: Учитель! мы желаем,

чтобы Ты сделал нам, о чем попросим. Он сказал им: что хотите, чтобы Я сделал вам? Они сказали Ему: дай нам сесть у Тебя, одному по правую сторону, а другому по левую в славе Твоей.

«Люди, подобные фарисеям, следовали за Иисусом, чтобы показать, какие они умные».

—Ев. от Луки 11:53, 54—
Когда Он говорил им это, книжники и фарисеи начали сильно приступать к Нему, вынуждая у Него ответы на многое, подыскиваясь под Него и стараясь уловить что-нибудь из уст Его, чтобы обвинить Его.

«Люди, подобные Иуде, следовали за Иисусом ради денег».

—Ев. от Иоанна 12:4-6—
Тогда один из учеников Его, Иуда Симонов Искариот, который хотел предать Его, сказал: для чего бы не продать это миро за триста динариев и не раздать нищим? Сказал же он это не потому, чтобы заботился о нищих, но потому что был вор. Он имел [при себе денежный] ящик и носил, что туда опускали.

«Люди, подобные пятитысячной толпе, следовали за Иисусом ради еды».

—Ев. от Иоанна 6:11-15—
Иисус, взяв хлебы и воздав благодарение, роздал ученикам, а ученики возлежавшим, также и рыбы, сколько кто хотел. И когда

насытились, то сказал ученикам Своим: соберите оставшиеся куски, чтобы ничего не пропало. И собрали, и наполнили двенадцать коробов кусками от пяти ячменных хлебов, оставшимися у тех, которые ели. Тогда люди, видевшие чудо, сотворенное Иисусом, сказали: это истинно Тот Пророк, Которому должно придти в мир. Иисус же, узнав, что хотят придти, нечаянно взять Его и сделать царем, опять удалился на гору один.

«Люди, подобные десяти прокаженным, следовали за Иисусом ради исцеления».

–Ев. от Луки 17:12-14–
И когда входил Он в одно селение, встретили Его десять человек прокаженных, которые остановились вдали и громким голосом говорили: Иисус Наставник! помилуй нас. Увидев [их], Он сказал им: пойдите, покажитесь священникам. И когда они шли, очистились.

«Как вы можете видеть, многие люди следовали за Иисусом от эгоистичного сердца. Они не сильно были заинтересованы в Иисусе, но были заинтересованы больше в том, что Он мог дать им. Сегодня все так же.

Как лидеры, мы должны исследовать себя и задавать себе вопрос "Почему я следую за Иисусом?"

Вы следуете за Иисусом, чтобы вы могли стать знаменитым?»

«Вы следуете за Ним, чтобы вы могли показать людям, какой вы умный?

Вы следуете за Иисусом ради денег?

Вы следуете за Ним, чтобы обеспечить вашу семью едой?

Вы следуете за Иисусом с надеждой, что Он исцелит вас?

Люди следуют за Иисусом по многим причинам. Бог, однако, благословляет только одну мотивацию. Иисус желал, чтобы люди следовали за Ним из сердца любви.

Вы помните отверженную женщину-грешницу, которая излила на Иисуса дорогие благовония?»

–Ев. от Матфея 26:13–

…истинно говорю вам: где ни будет проповедано Евангелие сие в целом мире, сказано будет в память ее и о том, что она сделала.

«Вы помните бедную вдову? Ее приношение затронуло сердце Иисуса больше, чем все богатства храма».

–Ев. от Луки 21:3–

…и сказал: истинно говорю вам, что эта бедная вдова больше всех положила…

«Вы помните единственный вопрос, который Иисус задал Петру после того, как тот предал Его?»

–Ев. от Иоанна 21:17–
Говорит ему в третий раз: Симон Ионин! любишь ли ты Меня? Петр опечалился, что в третий раз спросил его: любишь ли Меня? и сказал Ему: Господи! Ты все знаешь; Ты знаешь, что я люблю Тебя. Иисус говорит ему: паси овец Моих.

Иисус задал Петру вопрос о любви в его сердце, потому что это было чрезвычайно важно для Иисуса. Следуем ли мы за Ним потому, что мы любим Его?

Мы следуем за Иисусом из любви в сердце потому, что Он первый возлюбил нас. Мы растем сильными в Боге потому, что мы любим Иисуса. Мы делимся Евангелием потому, что мы любим Иисуса. Мы делаем учеников потому, чтобы мы любим Иисуса. Мы начинаем группы, которые становятся церквами потому, что мы любим Иисуса. Мы обучаем духовных лидеров потому, что мы любим Иисуса. Только вера, надежда и любовь пребудут, когда эта землю прейдет. Однако, величайшая из них любовь».

Презентации Плана Иисуса

- Разбейте учащихся на группы человек по 8 в каждой. Объясните лидерам следующую программу презентации.
- Лидеры формируют круг и по очереди представляют свой План Иисуса своей группе. После презентации другие лидеры возлагают руки на План Иисуса и молятся о Божьей силе и благословении. В то же

время лидеры громко молятся за лидера, который представил свой план.
- Один из лидеров завершает время молитвы по водительству Духа. В это время человек, представляющий свой План Иисуса, прижимает его к сердцу, и группа говорит: «Возьми свой крест и следуй за Иисусом» три раза в унисон.
- Повторяйте вышеперечисленные шаги, пока все лидеры не представят свой План Иисуса.
- После того, как все представят свой план, лидеры присоединяются к той группе, которая еще не закончила. В конце концов, все группы присоединяются к одной, и тогда получается одна большая группа.
- Закончите время обучения, спев песню поклонения о посвящении, которая откликается в душе учащихся в группе.

Часть 3

Ресурсы

Дополнительный Материал

Мы считаем, что нижеприведенные авторы помогут больше всего в обучении радикальных лидеров. Первая книга, которую следует перевести, находясь в миссионерском труде, – это Библия. Затем мы рекомендуем перевести следующие семь книг в качестве основания для эффективного развития лидерства.

Blanchard, Ken and Hodges, Phil. *Lead like Jesus: Lessons from the Greatest Role Model of all Time.* Thomas Nelson, 2006. (Бланшар К., Ходжес Ф. Руководи, как Иисус. Брайт Букс).

Clinton, J. Robert. *The Making of a Leader.* NavPress Publishing Group, 1988. (Клинтон Р. Становление лидера. М. : Центр «Нарния», 2004).

Coleman, Robert E. *The Masterplan of Evangelism.* Fleming H. Revell, 1970. (Колман Р. Генеральный план евангелизма. Флеминг Ревель, 1964).

Hettinga, Jan D. *Follow Me: Experiencing the Loving Leadership of Jesus.* Navpress, 1996.

Maxwell, John C. *Developing the Leader Within You.* Thomas Nelson Publishers, 1993.(Максвелл Дж. Воспитай в себе лидера. Поппури, 2007).

Ogne, Steven L. and Nebel, Thomas P. *Empowering Leaders through Coaching.* Churchsmart Resources, 1995.

Sanders, J. Oswald. *Spiritual Leadership: Principles of Excellence for Every Believer.* Moody Publishers, 2007. (Сандерс Дж.О. Духовное руководство. Основы успеха каждого христианина. Мирт, 2005).

Приложение А

Часто задаваемые вопросы

Что мне делать, если я не могу завершить урок за полтора часа?

Помните, что процесс и содержание одинаково важны. Когда вы придерживаетесь процесса, это созидает уверенность. Качественное содержание приносит образование. И процесс, и качество содержания производят преображение. Наиболее часто совершаемая ошибка, которую мы заметили при обучении людей, – это что мы даем слишком много содержания и недостаточно времени для практики.

В большинстве уроков при обучении «Следуя за Иисусом» посередине урока есть естественный перерыв. Если вы обнаруживаете, что вам не хватает времени, чтобы закончить урок, дайте первую половину урока и последующий процесс обучения и рассмотрите оставшуюся часть урока на следующей встрече. В зависимости от уровня образования людей, которых вы обучаете, вы можете решить придерживаться такого расписания все время.

Наша цель состоит в том, чтобы помогать взрослым учащимся вплетать стиль лидерства Иисуса в каждую часть их жизни. Для этого требуется время и терпение, но это стоит сделанного вклада.

Как выглядит лидерское движение?

Бог движется примечательным образом в народах. В настоящий момент исследователи зафиксировали более 80 народных движений. Если проповедь Евангелия является «двигателем» этих движений, тогда «колеса» — это развитие лидерства. В действительности, часто трудно сказать, являются ли эти движения движениями лидерства, ученичества или по насаждению церквей. Как бы вы ни назвали их, у них есть одно общее качество: мужчины, женщины, молодежь и дети в своих сферах влияния похожи на Христа, величайшего лидера всех времен.

Лидерские движения характеризуют лидерские цепи. Малые группы мужчин и женщин встречаются для подотчетности, наставничества и обучения. Павел говорил о таких цепях во 2 Послании Тимофею 2:2. Лидер получает наставничество в одной группе и наставляет другую группу. В полностью развитых движениях лидерские цепи постоянно расширяются до шестого или седьмого поколения. Любая организация, служение или группа людей может дойти только до того места, куда ее могут довести ее лидеры. Поэтому лидерство необходимо сознательно культивировать потому, что лидерами не рождаются. Лидерам нужно знать, как вести.

В лидерском движении подростки учатся инструментам лидерства, видению, предназначению, миссии и целям. Мужчины и женщины от 20 и старше начинают применять эти инструменты в своих бизнесах и личной жизни. Тридцатилетние фокусируются на инструментах в конкретных служениях и бизнесах. После 40 человек начинает видеть плод применения инструментов лидерства с настойчивостью. После 50 те люди, которые следовали стилю лидерства Иисуса долгое время, служат моделями для молодого поколения. Обычно люди после 60 могут наставлять молодых мужчин и женщин как лидеров. Святые после 70 оставляют наследие верности и плодоносности даже в своем пожилом возрасте.

Каким образом роль иностранного миссионера изменилась со временем?

У каждого миссионерского проекта есть четыре стадии: открытие, развитие, развертывание и делегирование. Каждая фаза имеет уникальные цели и проблемы. Каждая фаза также требует от миссионеров различного набора навыков.

Фаза открытия *включает* идентификацию недостигнутых народов, отправку миссионеров-первопроходцев и завоевание плацдарма в недостигнутой области. Роль миссионера заключается в том, чтобы исследовать, евангелизировать и контактировать с заинтересованными местными жителями. Плод этого периода – несколько церквей. Однако, эти церкви часто напоминают страну, высылающую группу больше, чем принимающие страну и культуру. Во время фазы открытия миссионеры совершают 80% работы, а национальные кадры делают вклад 20%.

Несколько церквей, начатых на фазе открытия, продолжают расти и начинать другие церкви, что приводит к ассоциации церквей на стадии *развития*. На этой фазе миссионеры помогают церквам вместе сотрудничать, евангелизировать и начинать преднамеренные усилия по ученичеству среди верующих. В принимающей стране начинает укореняться небольшая христианская культура. Во время фазы развития миссионеры делают 60% работы, а национальные кадры делают вклад 40%.

Миссия переходит в фазу *развертывания* с несколькими ассоциациями церквей, которые формируют конвенцию или сеть. Этот период обычно начинается с сотни групп или церквей и продолжается по мере роста. Роль миссионера заключается в том, чтобы утверждать продолжающееся развитие лидерства, помогать национальным кадрам определять проблемные области и помогать им по мере того, как они внедряют стратегию по достижению всей своей этнической группы. Во время фазы развертывания национальные кадры совершают 60% работы, а миссионеры делают вклад 40%.

Последняя фаза каждой миссии – это *делегирование*. На этой фазе миссионеры доверяют труд национальным верующим. Миссионеры возвращаются к работе на время наставничества, праздников и сотрудничества. Во время фазы делегирования национальные кадры делают 90% работы, а миссионеры вносят 10%. Фаза открытия начинается вновь, но на этот раз в жизнях и работе национальных верующих.

Иностранные миссионеры должны понимать, что в настоящее время они находятся в фазе делегирования в большинстве мест в мире. Сегодня основная роль миссионера – это наставничество, обучение и помощь национальным братьям и сестрам в осуществлении миссии, которую Бог дал им. Одна из целе обучения «Следуя за Иисусом» заключается в том, чтобы обеспечить миссионеров простыми, воспроизводимыми инструментами для фазы делегирования.

Что такое «правило 5»?

Просто человек должен потренироваться в навыке пять раз до того, как он будет иметь уверенность, чтобы демонстрировать навык самому. После личного обучения почти 5 000 человек за последние девять лет, мы видели, как этот принцип постоянно подтверждается.

Обучающие семинары заполнены умными и способными взрослыми, но чаще всего после семинара в их жизнях происходит мало перемен. Обычная реакция на эту проблему состоит в том, чтобы сделать содержание более интересным, более запоминающимся или ...(заполните пробел сами). Обычно проблема не в содержании, но в том факте, что люди не практиковали что-то достаточно, чтобы сделать его частью своей жизни.

Почему вы используете так много движений руками?

Люди учатся по тому, что они видят, что они слышат, и что они делают. Западный способ образования делает ударение на первом и втором типах обучения (особенно в формате лекции). Многие исследования фиксируют, как маленькие ученики запоминают, используя только говорение и слушание. Третий стиль обучения – кинестический – остается наиболее игнорируемым при обучении людей. Мы обнаружили, что движения руками – это самый легкий способ научить группу запоминать большой объем информации. И грамотные, и неграмотные люди одинаково могут пересказывать истории лучше, когда это сочетается с действием и движениями руками.

Вы должны знать, что мы не использовали движения руками, когда мы начала обучать людей с помощью обучения «Следуя за Иисусом». Однако, мы изменили наш подход, когда мы изменили одну из целей обучения: мы хотели, чтобы учащиеся могли в конце повторить нам весь семинар. Запоминание – важный ингредиент большинства азиатских схем обучения. Теперь люди могут повторить нам весь семинар на последнем занятии потому, что мы используем движения рук. Они не могли делать это до того, как мы начали использовать их. После нескольких коротких уроков, учащимся начинает нравиться активное обучение, и они поражены, что могут к концу запомнить весь семинар.

После того, как мы начали использовать движения руками, мы заметили увеличение количества лидеров, обучающих лидеров. Духовное обучение включает в себя большее, чем просто разум. Если сердце остается неизмененным, тогда не происходит никакого преобразования. Использование движений руками помогает переместить то, чему мы научились, из головы в сердце. Вот почему мы учим детей с помощью движений рук, чтобы помогать им запоминать важные жизненные истины. Взрослые, молодежь и дети могут обучаться среди многих поколений, когда мы используем движения рук. Лично я регулярно использую движения рук во время моего молитвенного времени, чтобы сохранить себя сфокусированным на определенной части молитвы – хвале, покаянии, прошении или посвящении.

Почему уроки такие простые?

Основная причина, почему уроки такие простые, – это для того, чтобы следовать примеру Иисуса, который заключался в обучении простым образом. Мы делаем сложное простым. Мы делаем простое сложным. Иисус заботится об изменении жизни, а не об овладении «новейшей истиной». Когда мы учим простым образом, дети, молодежь и взрослые в обществе могут понять уроки. Вам не нужен прибор для ориентирования на местности за тысячу долларов со всеми наворотами, чтобы определить, где находится север. Хватит и недорогого компаса.

Книга Притчей говорит прежде всего искать мудрость. Мудрость – это способность применять знание, чтобы жить умело и праведно. Мы заметили, что чем сложнее план, тем больше вероятность того, что он потерпит неудачу. Пастора и миссионеры по всему миру имеют стратегические планы миссии, создание которых потребовало недель или месяцев. Большинство из этих планов находятся где-то на полке. Некоторые люди возражают, что книга Притчей говорит избегать простоты. Однако, Притчи говорят не быть «глупцом». Мудрый человек выполняет задание так, чтобы другие могли скопировать это; глупец делает наоборот.

Хорошая новость заключается в том, что следование за Иисусом не зависит от интеллекта человека, его талантов, образования, достижений или личности. Следование за Иисусом зависит от желания человека мгновенно, все время и из сердца любви повиноваться повелениям Иисуса. Сложное учение обычно создает учащихся, которые не способны применить урок к своей повседневной жизни. Иисус заповедал верующим делать учеников, учить их соблюдать все Его заповеди. Мы считаем, что учителя мешают людям повиноваться, когда они преподают сложные уроки, которым учащийся не может научить другого человека.

Какие некоторые из обычных ошибок, которые совершают люди при обучении других людей?

Тренеры совершают ошибка в обучении в трех областях: люди, процесс и содержание. Обучив многих и будучи обученными многими, мы предлагаем вам эти наблюдения, чтобы помочь вам улучшить свои навыки.

Каждый учащийся приходит на занятие со своим предыдущим опытом, знанием и навыками. Тренеры, которые не учитывают это в начале занятия, рискуют обучать учащихся тому, что они уже знают, как делать. Простой вопрос вроде «Что вы уже знаете о данном предмете?» поможет тренерам узнать, на каком уровне необходимо обучать. Однако мы видели тренеров, которые считают, что учащиеся знают больше, чем они знали на самом деле. Непроверенные предположения всегда вернутся бумерангом. Эту проблему решает коммуникация. У людей есть разные типы обучения, и ошибочно базировать ваше обучения на одном или двух стилях. Если вы поступаете так, это гарантирует, что некоторые учащиеся не получат ту пользу, которую они могли бы получить при лучшем планировании урока. У людей также есть разные нужды в зависимости от их типа личности. Обучение в стиле, который обращен только к экстравертам, исключает интровертов. Концентрация на людях, сфокусированных на «обдумывании», не так эффективна, как уроки, направленные и к «чувствам».

Процесс обучения – это еще одна сфера, где учители допускают ошибки. Обучение, которое не включает в себя возможность для дискуссии, и полагается исключительно на лекцию, – это не обучение, а презентация. Обучение – это путешествие, которое вовлекает всего человека в мастерство навыка, качество характера и знание. Мы заметили, что тренеры настолько фокусируются на содержании, что не дают учащимся возможности проговорить то, чему они научились. Самые богатые времена обучения для взрослых – это когда они обсуждают урок и его применение к их жизни. Другая часто встречающаяся ошибка заключается в использовании одних и тех же обучающих техник на протяжении всего времени обучения. Любая техника обучения теряет эффективность, если ее использовать слишком часто. Последняя ошибка – это длинные обучающие занятия. Как правило, мы пытаемся излагать урок треть времени. Затем мы просим учащихся практиковать урок треть времени. Наконец, мы ведем дискуссию о применении урока последнюю треть времени. За занятие продолжительностью 90 минут учащиеся обычно слушают, как мы говорим, в течение 20 минут.

Обычно причина, по которой обучающие занятие занимают слишком много времени, состоит в том, что тренер делится слишком большим объемом содержания, - это последняя область, где тренеры допускают ошибки. Хорошее обучающее содержание будет обращаться к знанию, характеру, навыку и мотивации. Если тренер имеет западное происхождение, скорее всего, он будет фокусироваться на части знания, предполагая, что «знание» произведет остальное. Он может обращаться к характеру и мотивации, но редко имеет дело с практичными навыками. Чаще всего, тренеры обучают других, используя тот же метод, который моделировался для них. Однако, может понадобиться разрыв с прошлым, чтобы в жизни учащегося произошла настоящая перемена. Отличное обучение не стремится к тому, чтобы представить только информацию. Цель – преображение. Мы заметили тренеров, которые не адаптируют свои материалы к новой обстановке или культуре, – они ожидают, что выращивающие рис фермеры справятся с содержанием так же, как молодые городские специалисты. Недостаток молитвы – самая часто встречающаяся причина этой ошибки.

Самая большая ошибка, которую, по нашему опыту, совершают тренеры, – это то, что они не дают учащимся времени, которое им нужно, чтобы попрактиковать то, чему они научились. Тренеры испытывают искушение провести все как разовое событие, а не продолжительное путешествие. Верный знак «перспективы события» – это отношение «Они пришли сюда. Давайте зальем в них как можно больше учения». Перемена парадигмы произойдет тогда, когда, напротив, учащимся будет презентоваться Библейский процесс обучения других. Тренеры начинают больше заботится о человеке, которого обучит учащийся, чем о самом учащимся. Если вы обнаружите, что у вас много содержания и нет времени для практики, вы можете быть виновны в том, чтобы давать людям больше, чем то, чему они могут реально повиноваться, и чем они могут поделиться. Вы направляете их, скорее, к неудаче, чем к успеху.

Что вы предлагаете, если нет лидеров для обучения?

Растущие лидеры привлекают растущих лидеров. Когда вы даете посвящение следовать за Иисусом и Его стилем лидерства, Бог благословит и пошлет других, чтобы они шли с вами. Однако, вы должны предпринять первый шаг веры. Иисус живет в каждом верующем и желает, чтобы Его Царство пришло, и Его воля исполнилась. Господство и лидерство идут рука об руку. Помните, мы не имеем потому, что не просим. Молитесь о глазах видеть лидеров, которых Бог развивает. Молитесь о сердце принятия и ободрения. Молитесь о перспективе Иисуса на лидерство. Из рыбаков получаются хорошие апостолы.

Концентрируйтесь на людях, которых Бог уже дал вам, а не на людях, которых у вас нет. Начните развивать из людей, которые следуют за вами, сильных лидеров. Каждый человек ведет кого-то. Отцы ведут свои семьи. Матери ведут своих детей. Учителя ведут своих учащихся. Бизнесмены ведут свое сообщество. Принципы лидерства, данные в обучении «Следуя за Иисусом» могут быть применены в любой их этих сфер. Люди поднимаются, чтобы соответствовать нашим ожиданиям. Обращайтесь с каждым человеком, как будто этот человек уже является лидером, и наблюдайте, что Бог делает в его жизни.

Рассмотрите возможность проведения обучения лидеров. Разрекламируйте эту собрание через существующие лидерские группы – Клуб Львов, Коммерческую палату, сельский совет или начальника квартала. Используйте эти обучающие материалы, чтобы вооружать деловых лидеров принципами лидерства от наивеличайшего Лидера всех времен. Организация такого мероприятия не только даст вам больше доверия в обществе, но и разовьет вас как лидера. Если в вашей этнической группе нет последователей Иисуса, обучайте лидеров в «родственной» этнической группе, передавая видение о достижении недостигнутых.

Какие первые шаги лидеров, когда они начинают обучать новых лидеров?

Иисус провел целый вечер в молитве перед тем, как выбрали лидеров, поэтому молитва – лучшая отправная точка. Молитесь, чтобы лидеры поднялись от жатвы, чтобы вести жатву. Когда вы молитесь, помните, что Бог смотрит на сердце, а человек – на внешность. Ищите в потенциальных лидерах верность и характер. Слишком часто мы концентрируемся на таланте и первых впечатлениях. Проводите время в молитве, прося Бога поднять горячих духовных лидеров.

Помолившись, начинайте последовательно делиться видением о лидерах, следующих за примером Иисуса как лидера. Молитесь с семьей и друзьями, прося Бога помочь вам стать всем стать лучшими лидерами. Спрашивайте людей, которые Бог приводит на ваш путь, хотели бы они узнать, как стать более сильным лидером. Постоянно передавайте видение друзьям, помогающим друг другу развиться в более плодоносных лидеров. Когда вы передаете видение о развивающихся лидерах, отмечайте людей, которые проявляют заинтересованность в ваших словах и испытывают подъем благодаря им.

Следующий шаг – это просить Бога показать вам лидеров, которых Он поднимает. Не пытайтесь выбрать их сами. Позвольте им «самовыдвинуться» благодаря своей готовности выполнять задания, требуемые от лидеров. Мы не «назначаем» лидеров, но «помазываем» лидеров, которые уже показали себя верными. Слишком часто те лидеры, которых мы выбрали бы «последними» в нашем списке потенциальных лидеров, Бог выбирает «первыми». Ищите людей, неудовлетворенных статус-кво. Концентрируйтесь на людях, которые желают учиться и следовать. Не будьте разочарованы, если лидеры на наивысшем уровне организации демонстрируют мало заинтересованности.

Наконец, начинайте предпринимать шаги по выполнению вашего собственного Плана Иисуса. Ничто не привлекает настоящих и потенциальных лидеров так, как действие. Людям нравится быть частью побеждающей команды. Когда Бог будет благословлять ваш План Иисуса, Он также будет посылать людей, чтобы они помогали вам. Чаще всего Бог будет посылать членов вашей семьи, друзей и успешных бизнесменов. У лидеров есть последователи. Когда вы следуете за Иисусом, это даст другим четкое направление, по которому они также могут следовать. Кто-то должен отправиться в путешествие первым из людей вашей этнической группы. Пускай этим человеком будете вы!

В каких условиях тренеры использовали «Обучение радикальных лидеров»?

Если у вас есть только один день, мы рекомендуем дать уроки «Как обучал лидеров Иисус», «7 качеств выдающегося лидера» и «8 ролей Христа». Это даст лидерам навыки, характер и горячее желание обучать других лидеров. Когда они попросят вас вернуться, дайте им оставшиеся уроки, чтобы заполнить их лидерскими знаниями и умениями и дать им хороший стратегический план для продвижения вперед. Такой подход лучше всего работает среди занятых людей, у которых есть немного времени для посещения обучающих занятий.

Если мы можем встречаться только один или два раза в неделю, мы рекомендуем обучение на семинаре урок за уроком. Навыки будут накладываться друг на друга, и лидеры получат прочное основание к концу десятой или двадцатой недели. Призывайте лидеров обучать новых лидеров между собраниями с помощью уроков, которые вы даете им. Такой подход работает лучше всего, когда люди заняты, но могут каждую неделю посвятить определенное время обучению. Попросите лидеров преподавать вне занятий уроки, которые другие пропускают по причине болезни или непредвиденных обстоятельств.

Если у вас есть три дня, мы рекомендуем следовать порядку, изложенному в этом руководстве. Позвольте проводить много дискуссий и используйте перерывы для встреч с лидерами один на один. В конце каждого занятия просите лидеров ответить на вопрос: «Что Бог говорит вам об этом уроке?» Позвольте им обсудить свои ответы с группой. Взрослые лучше всего учатся, когда обсуждают и борются с проблемами вместе. Вы также получите понимание нужд группы. Такой подход работает лучше всего в условиях семинарии или Библейской школы, где люди обучаются по временам года.

Приложение Б

Контрольный список

За месяц до обучения

- *Запишите людей в молитвенную команду* – Запишите людей в молитвенную команду из двенадцати человек, чтобы ходатайствовать за обучение до и на протяжении недели обучения. Это ОЧЕНЬ важно!
- *Запишите помощника* – Запишите помощника, чтобы учить вместе с вами, – кого-то, кто раньше уже посещал *«Обучение радикальных лидеров»*.
- *Пригласите участников* – Пригласите участников, учитывая местную культуру. Высылайте письма, приглашения или звоните по телефону. Лучший размер группы для *«Обучения радикальных лидеров»* - это семинар размером 16-24 человека. С помощью нескольких помощников мы можете обучить до 50 лидеров. Занятия *«Обучение радикальных лидеров»* также можно проводить эффективно каждую неделю с группой из 3 и более лидеров.
- *Утвердите логистику* – Подготовьте необходимые проживание, питание и транспорт для лидеров.

- *Подготовьте место для собраний* – Подготовьте помещение для собраний с двумя столами для принадлежностей в конце помещения, стульями для участников, расставленными по кругу, и достаточным пространством для обучающих иллюстраций во время занятий. Если это более уместно, подготовьте маты на полу вместо стульев. Планируйте проводить два перерыва с кофе, чаем и закусками.
- *Соберите обучающие материалы* – Подготовьте Библии, доску или большие листы бумаги, тетради для заметок, заметки лидера, цветные маркеры или карандаши, тетради (подобные тем, которые ученики используют в школе), ручки или карандаши, мяч для чинлона и призы.
- *Подготовьте время поклонения* – Используйте распечатки песен или песенники для каждого участника. Найдите в группе человека, играющего на гитаре, и попросите его помочь вам вести поклонение.

После обучения

- *Оцените каждую часть обучения с вашим учеником* – Уделите время анализу и оценке времени обучения с вашим учеником. Составьте список плюсов и минусов. Разработайте план по улучшению обучения в следующий раз, когда вы будете вести его.
- *Свяжитесь с потенциальными помощниками в отношении помощи на будущих обучениях* – Свяжитесь с двумя-тремя лидерами, которые продемонстрировали лидерский потенциал во время обучения, в отношении помощи вам в *«Обучении радикальных лидеров»* в будущем.

- *Призывайте участников обучения привести друга на следующее обучение* – Призывайте участников обучения вернуться с партнером в его служении в следующий раз, когда они посетят обучение. Это увеличит число лидеров, обучающих других лидеров.

Приложение B

Заметки для переводчика

Автор разрешает переводить этот материал по наставничеству на другие языки, как Бог поведет. Пожалуйста, используйте следующие рекомендации при переводе материалов тренинга «Следуй за Иисусом»(СЗИ).

- Мы рекомендуем вам обучить людей по материалу СЗИ несколько раз, прежде чем вы приступите к переводу. Перевод долен делать ударение на смысл, а не просто быть буквальным переводом слово в слово. Например, если «ходите в Духе» переведено как «живите в Духе» в вашей версии Библии, то используйте «Живите в Духе» в СЗИ. По необходимости, измените движения рук.
- По возможности максимально используйте в переводе простой, а не «религиозный язык» вашего народа.
- Цитируя Писания, используйте тот перевод Библии, который легко поймут большинство людей в вашей группе. Если существует только один перевод, и его тяжело понять, сделайте цитаты из Библии звучащими современно, чтобы они были понятнее.
- Используйте термин с положительным значением для каждого из восьми изображений Христа. Часто

команде обучения придется поэкспериментировать несколько раз, пока она не найдет правильное слово.

- Переводите «saint» таким словом в вашей культуре, который обозначает святого человека. Если слово, описывающее святость Иисуса на вашем языке то же, что и «святой», необязательно использовать «Holy One». Мы используем слово «Holy One» в этих материалах, потому что «saint» не уместно для описания Иисуса.

- Слово «servant» может быть трудным для перевода в положительном смысле, но важно сделать это. Тщательно выбирайте термин, который опишет человека, который много работает, но при этом сохраняет смиренное сердце и любит помогать другим. Во многих культурах есть понятие « сердце слуги».

- Мы адаптировали несколько из наших постановок в Юго-Восточной Азии из семинара Джорджа Паттерсона «Обучать и умножать». Будьте свободны адаптировать их под свою культуру, используя предметы и идеи, близкие вашему народу.

- Мы хотели бы услышать о вашей работе и оказать помощь любым возможным образом.

- Пишите нам по адресу lanfam@FollowJesusTraining.com для сотрудничества, чтобы *больше людей следовали за Иисусом!*

Приложение Д

Дополнительные ресурсы

Вы можете получить другие ресурсы, которые помогут вам обучать других следовать за Иисусом онлайн на www.FollowJesusTraining.com.

Эти ресурсы включают:

1. Статьи и советы по обучению от автора.
2. Видео всех движений руками на «Обучении радикальных лидеров».
3. Переводы «Обучения радикальных лидеров». Переводы могут разниться в качестве, поэтому проконсультируйтесь с местным национальным верующим до того, как вы будете их использовать.

Напишите нам на lanfam@FollowJesusTraining.com для дополнительной информации о действующих проектах и обучающих мероприятиях.

www.ingramcontent.com/pod-product-compliance
Lightning Source LLC
Chambersburg PA
CBHW071455040426
42444CB00008B/1349